Dr. Oetker

SCHOKOLADEN KUCHEN

Dr. Oetker

SCHOKOLADEN KUCHEN

Dr. Oetker Verlag

Vorwort

Vorwort

Seit es Schokolade gibt, hält sie uns in ihrem betörenden Bann.
Kaum jemand kann dieser süßen Versuchung widerstehen.
Schon ihr mattbrauner Glanz setzt uns in Verzückung – und wenn wir erst einmal
diesen warmen, edlen Duft in der Nase haben, sind wir nicht mehr zu halten.
Warum auch?
Dieses sinnliches Vergnügen sollte man sich immer mal wieder gönnen.
Schokolade entspannt, macht glücklich und ist in kleinen Dosen sogar gesund.
Es gibt viele Arten, sich diesen Genuss auf der Zunge zergehen zu lassen.
In diesem Buch finden Sie über 40 davon.
Raffinierte kleine und große Versuchungen in Zartbitter, Vollmilch oder weiß.
Sie sehen nicht nur so verführerisch aus, wie nur Schokolade es kann, sondern schmecken auch so.
Kirschtraum in Schokolade, Champagnercreme-Trüffeltorte, Birne-Helene-Tarte,
Cassis-Schokoladen-Rolle und Erdbeer-Schokoladen-Schnitten halten, was ihr Name verspricht.
So können Sie Rezept für Rezept mit allen Sinnen genießen.
Alle Rezepte sind von der Dr. Oetker Versuchsküche getestet.
Bitte beachten Sie den Ratgeber am Ende des Buches.

Torten

Cappuccino-Torte

Beliebt

Zubereitungszeit: 40 Minuten, ohne Kühlzeit
Backzeit: 30–35 Minuten

Zutaten:

Für den Biskuitteig:

200 g	Edelbitter-Schokolade (70–72 % Kakao)
175 g	Butter
4	Eier (Größe M)
125 g	feinster Zucker
1 Pck.	Dr. Oetker Bourbon-Vanille-Zucker
1 Prise	Salz
125 g	Weizenmehl
1 gestr. TL	Dr. Oetker Backin
2 Pck. (25 g)	Instant-Cappuccinopulver

Für die Füllung:

1 Pck. (10 g)	Instant-Cappuccinopulver
150 ml	heißes Wasser
200 g	Edelbitter-Schokolade (70–72 % Kakao)

Für den Belag:

500 g	Mascarpone (ital. Frischkäse)
70 g	Zucker
250 g	Magerquark

Für den Guss:

200 g	Schlagsahne
200 g	Zartbitter-Kuvertüre

1. Für den Teig Schokolade in Stücke brechen, mit der Butter in einem Topf im Wasserbad auflösen und abkühlen lassen. Eier mit Handrührgerät mit Rührbesen auf höchster Stufe in 1 Minute schaumig schlagen. Zucker mit Vanillin-Zucker und Salz mischen, in 1 Minute einstreuen, dann noch 2 Minuten weiterschlagen.
2. Mehl mit Backpulver und Cappuccinopulver mischen, auf die Eiercreme sieben und kurz auf niedrigster Stufe unterrühren. Zuletzt vorsichtig kurz die Schokoladenbutter unterrühren. Den Teig in eine Springform (Ø 26 cm, Boden gefettet, mit Backpapier belegt) geben und glatt streichen. Die Form auf dem Rost in den Backofen schieben.

Ober-/Unterhitze: etwa 180 °C (vorgeheizt)
Heißluft: etwa 160 °C (nicht vorgeheizt)
Gas: Stufe 2–3 (nicht vorgeheizt)
Backzeit: 30–35 Minuten.

3. Den Boden aus der Form lösen, auf einen in Backpapier belegten Kuchenrost stürzen und erkalten lassen. Anschließend mitgebackenes Backpapier abziehen, den Boden wieder umdrehen und einmal waagerecht durchschneiden.
4. Für die Füllung Cappuccinopulver mit heißem Wasser in einem kleinen Topf verrühren. Schokolade grob hacken und unter Rühren darin auflösen, bis eine geschmeidige Masse entstanden ist, evtl. etwas erwärmen. Die Schokocreme auf dem unteren Boden verteilen, glatt streichen und den oberen Boden auflegen.
5. Für den Belag Mascarpone mit Zucker in eine Schüssel geben und mit Handrührgerät mit Rührbesen glatt rühren. Quark kurz unterrühren und die Creme auf Oberfläche und Rand des Bodens streichen. Die Torte etwa 1 Stunde kalt stellen.
6. Für den Guss in der Zwischenzeit Sahne in einem Topf erwärmen und dann von der Kochstelle nehmen. Kuvertüre hacken und unter Rühren in der warmen Sahne auflösen. So lange rühren, bis eine geschmeidige Masse entstanden ist. Den Guss abkühlen lassen (nicht kalt stellen).
7. Den Guss auf die gekühlte Tortenoberfläche geben und mit einem Löffel leicht verteilen, so dass er etwas am Rand herunterläuft. Guss fest werden lassen.

Tipp: Der untere Tortenboden kann zusätzlich mit 4 Esslöffeln Kaffeelikör getränkt werden.

Torten

Dreifarbige Schokoladentorte

Beliebt

Zubereitungszeit: 90 Minuten, ohne Kühlzeit
Backzeit: etwa 20 Minuten

Zutaten:

Zum Vorbereiten für die dunkle Canache:

300 g	Vollmilch-Schokolade
300 g	Schlagsahne
50 g	weiche Butter
2 EL	Weinbrand

Zum Vorbereiten für die helle Canache:

150 g	weiße Schokolade
150 g	Schlagsahne
50 g	weiche Butter

Für den Rührteig:

100 g	weiche Butter oder Margarine
100 g	Zucker
1 Pck.	Dr. Oetker Vanillin-Zucker
2	Eier (Größe M)
75 g	Weizenmehl
2 gestr. EL	Kakaopulver
1 gestr. TL	Dr. Oetker Backin
50 g	Raspelschokolade

Zum Garnieren:

je 75 g	weiße, Vollmilch- und Zartbitter-Schokolade
	Kakaopulver

1. Für die dunkle Canache am Vortag Schokolade in Stücke brechen. Schlagsahne in einem Topf aufkochen lassen, von der Kochstelle nehmen und die Schokolade darin unter Rühren auflösen. Anschließend die Butter und den Weinbrand unterrühren. Canache in eine Rührschüssel füllen und über Nacht kalt stellen. Die helle Canache ebenso zubereiten und kalt stellen.
2. Für den Teig Butter oder Margarine mit Handrührgerät mit Rührbesen auf höchster Stufe geschmeidig rühren. Nach und nach Zucker und Vanillin-Zucker unterrühren. So lange rühren, bis eine gebundene Masse entstanden ist. Eier nach und nach unterrühren (jedes Ei etwa ½ Minute).
3. Mehl mit Kakaopulver und Backpulver mischen, sieben und in 2 Portionen auf mittlerer Stufe unterrühren. Zuletzt die Raspelschokolade kurz unterheben. Den Teig in eine Springform (Ø 26 cm, Boden gefettet, mit Backpapier belegt) geben und glatt streichen. Die Form auf dem Rost in den Backofen schieben.

Ober-/Unterhitze: etwa 180 °C (vorgeheizt)
Heißluft: etwa 160 °C (vorgeheizt)
Gas: Stufe 2–3 (vorgeheizt)
Backzeit: etwa 20 Minuten.

4. Den Boden aus der Form lösen, auf einen Kuchenrost stürzen, mitgebackenes Backpapier abziehen und den Boden erkalten lassen. Anschließend den Boden auf eine Tortenplatte legen und den gesäuberten Springformrand oder einen Tortenring darumstellen.
5. Die helle Canache mit Handrührgerät mit Rührbesen cremig aufschlagen und in einen Spritzbeutel mit Lochtülle (Ø etwa 12 mm) füllen. Die Creme in 3 Kreisen im Abstand von etwa 1,5 cm auf den Gebäckboden spritzen.
6. Die dunkle Canache cremig aufschlagen und gut die Hälfte davon mit Hilfe eines Spritzbeutels mit Lochtülle (Ø etwa 12 mm) in die Zwischenräume spritzen. Die vorbereitete Torte einige Minuten ins Tiefkühlfach stellen, damit die Ringe etwas fester werden.
7. Die übrige dunkle Canache vorsichtig mit Hilfe einer Teigkarte auf der Oberfläche glatt verstreichen, so dass die hellen Ringe bedeckt sind. Die Torte etwa 3 Stunden kalt stellen.
8. Zum Garnieren Springformrand oder Tortenring lösen und entfernen. Schokoladen in Stücke brechen und getrennt in einem Topf im Wasserbad bei schwacher Hitze geschmeidig rühren. Schokoladen nebeneinander dünn auf eine Platte streichen, nach Belieben mit einem Teigschaber leicht miteinander vermischen und fest werden lassen (nicht kalt stellen).
9. Mit einem breiten Spachtel Schokolocken abschaben und diese mit Hilfe von Gabeln auf die Torte legen. Dunkle Locken an den Rand geben.

Torten

Sachertorte

Klassisch

Zubereitungszeit: 45 Minuten, ohne Kühlzeit
Backzeit: etwa 50 Minuten

Zutaten:

Für den Rührteig:

150 g	Zartbitter-Schokolade
6	Eiweiß (Größe M)
160 g	weiche Butter oder Margarine
160 g	Zucker
1 Pck.	Dr. Oetker Vanillin-Zucker
6	Eigelb (Größe M)
100 g	Semmelbrösel

Für die Füllung:

125 g	Aprikosenkonfitüre

Für den Guss:

60 g	Zucker
7 EL	Wasser
200 g	Zartbitter-Schokolade

Zum Verzieren:

50 g	Zartbitter-Schokolade

1. Für den Teig Schokolade in einem Topf im Wasserbad bei schwacher Hitze geschmeidig rühren und abkühlen lassen. Eiweiß steif schlagen. Butter oder Margarine mit Handrührgerät mit Rührbesen auf höchster Stufe geschmeidig rühren. Nach und nach Zucker und Vanillin-Zucker unterrühren. So lange rühren, bis eine gebundene Masse entstanden ist. Eigelb nach und nach unterrühren. Geschmolzene Schokolade und Semmelbrösel auf mittlerer Stufe unterrühren. Eischnee vorsichtig unterheben. Den Teig in eine Springform (Ø 26 cm, Boden gefettet, mit Backpapier belegt) füllen, glatt streichen und die Form auf dem Rost in den Backofen schieben.

Ober-/Unterhitze: etwa 180 °C (vorgeheizt)
Heißluft: etwa 160 °C (nicht vorgeheizt)
Gas: Stufe 2–3 (nicht vorgeheizt)
Backzeit: etwa 50 Minuten.

2. Den Tortenboden aus der Form lösen, auf einen mit Backpapier belegten Kuchenrost stürzen und erkalten lassen. Anschließend mitgebackenes Backpapier vorsichtig abziehen und den Boden einmal waagerecht durchschneiden. Für die Füllung den unteren Boden mit Aprikosenkonfitüre bestreichen und den oberen Boden auflegen.
3. Für den Guss Zucker mit Wasser in einem Topf so lange kochen lassen, bis sich der Zucker gelöst hat. Topf von der Kochstelle nehmen. Schokolade in Stücke brechen, nach und nach einrühren und so lange rühren, bis die Schokolade geschmolzen ist und der Guss glänzt. Den Guss mitten auf die Torte gießen und durch „Bewegen" der Torte auf der Oberfläche und am Rand gleichmäßig verlaufen lassen, evtl. den Guss am Rand mit einem Messer verstreichen. Um eine gleichmäßige Oberfläche zu erhalten, die Tortenplatte auf der Arbeitsfläche leicht „aufklopfen". Den Guss fest werden lassen.
4. Zum Verzieren Schokolade in Stücke brechen und auflösen. Die Torte mit einem angewärmten Messer in 12 Stücke einteilen. Den Schokoladenguss in ein Papierspritztütchen oder einen kleinen Gefrierbeutel füllen, eine kleine Ecke abschneiden und auf jedes Tortenstück „Sacher" schreiben. Die Torte bis zum Servieren kalt stellen.

Tipp: Da die Torte saftig ist, ist sie gut verpackt bis zu 5 Tage haltbar.

Torten

Schokocremetorte

Beliebt

Zubereitungszeit: 40 Minuten, ohne Kühlzeit
Backzeit: 35–40 Minuten

Zutaten:

Zum Vorbereiten:

500 g	Schlagsahne
300 g	Zartbitter-Schokolade
75 g	weiche Butter

Für den Biskuitteig:

100 g	Butter
6	Eier (Größe M)
200 g	Zucker
1 Pck.	Dr. Oetker Vanillin-Zucker
1 Prise	Salz
150 g	Weizenmehl
100 g	Speisestärke
50 g	Kakaopulver

Zum Garnieren und Bestäuben:

200 g	Zartbitter-Kuvertüre
1 EL	Kakaopulver

1. Zum Vorbereiten Sahne in einem Topf zum Kochen bringen und von der Kochstelle nehmen. Schokolade in Stücke brechen und unter Rühren darin auflösen, bis eine geschmeidige Masse entstanden ist. Die Masse abkühlen lassen, dabei gelegentlich umrühren. Butter in die abgekühlte, aber noch nicht fest gewordene Schoko-Sahne-Masse rühren und die Masse über Nacht kalt stellen.
2. Für den Teig Butter zerlassen und abkühlen lassen. Eier mit Handrührgerät mit Rührbesen auf höchster Stufe in 1 Minute schaumig schlagen. Zucker, Vanillin-Zucker und Salz mischen, in 1 Minute einstreuen, dann noch 2 Minuten weiterschlagen.
3. Mehl mit Speisestärke und Kakao mischen, die Hälfte davon auf die Eiercreme sieben und kurz auf niedrigster Stufe unterrühren. Restliches Mehl-Kakao-Gemisch auf die gleiche Weise unterarbeiten. Zuletzt die abgekühlte Butter vorsichtig unterrühren. Den Teig in eine Springform (Ø 26 cm, Boden gefettet, mit Backpapier belegt) füllen und glatt streichen. Die Form auf dem Rost in den Backofen schieben.

Ober-/Unterhitze: etwa 180 °C (vorgeheizt)
Heißluft: etwa 160 °C (nicht vorgeheizt)
Gas: Stufe 2–3 (nicht vorgeheizt)
Backzeit: 35–40 Minuten.

4. Den Boden aus der Form lösen und auf einen mit Backpapier belegten Kuchenrost stürzen. Boden erkalten lassen. Anschließend mitgebackenes Backpapier abziehen und den Boden zweimal waagerecht durchschneiden.
5. Die kalt gestellte Schoko-Sahne-Masse mit Handrührgerät mit Rührbesen zu einer Creme aufschlagen. Den unteren Boden auf eine Tortenplatte legen und mit knapp einem Drittel der Creme bestreichen. Den mittleren Boden auflegen, etwas andrücken und knapp die Hälfte der restlichen Schokoladencreme darauf streichen. Den oberen Boden auflegen und leicht andrücken. Tortenoberfläche und -rand mit der restlichen Creme bestreichen und die Torte kalt stellen.
6. Zum Garnieren Kuvertüre in grobe Stücke hacken und zwei Drittel davon in einem Topf im Wasserbad bei schwacher Hitze geschmeidig rühren. Topf aus dem Wasserbad nehmen. Restliche Kuvertüre fein hacken und in die aufgelöste Kuvertüre rühren, bis sie ebenfalls aufgelöst ist.
7. Kuvertüre nochmals ganz kurz erwärmen, dann auf ein rundes Stück Backpapier (Ø 35 cm) geben und gleichmäßig dick verstreichen, dabei 2 cm am Rand frei lassen. Kuvertüre leicht fest werden lassen, dann noch weich mit dem Backpapier nach oben auf die Torte legen. Das Backpapier am Rand in lockere Falten legen und leicht andrücken. Torte 10–15 Minuten kalt stellen, bis die Kuvertüre vollständig fest geworden ist, dann das Backpapier vorsichtig abziehen. Direkt vor dem Servieren die Tortenoberfläche mit Kakao bestäuben.

Tipp: Tränken Sie die Tortenböden vor dem Zusammensetzen mit Kirschwasser.

Torten

Weihnachtstorte mit Spekuatius

Fruchtig

Zubereitungszeit: 40 Minuten

Zutaten:

Zum Garnieren:

200 g	Zartbitter-Schokolade
1 TL	Speiseöl

Für den Boden:

50 g	Zartbitter-Schokolade
75 g	Butter
250 g	Spekulatiusgebäck (ersatzweise Buttergebäck mit Mandeln)

Für den Belag:

6 Blatt	weiße Gelatine
600 g	Doppelrahm-Frischkäse
75 g	Zucker
100 ml	Milch
1 Pck.	Dr. Oetker Bourbon-Vanille-Zucker

Außerdem:

1 Glas	Apfelkompott (Einwaage 360 g)
je gut 1 Msp.	Nelken, Zimt und Kardamom

1. Zum Garnieren Schokolade in Stücke brechen und mit Speiseöl in einem Topf im Wasserbad bei schwacher Hitze geschmeidig rühren. Ein Viertel der Schokolade (etwa 50 g) etwa 2 mm dünn auf einem Stück Backpapier glatt streichen und fest werden lassen. 6–8 Sterne unterschiedlicher Größe ausstechen. Die restliche flüssige Schokolade für den Belag beiseite stellen.
2. Für den Boden Schokolade (50 g) in Stücke brechen. Butter in einem Topf zerlassen und von der Kochstelle nehmen. Die Schokolade dazugeben und darin unter Rühren auflösen.12–16 Spekulatius vorsichtig halbieren und einen Springformrand innen damit auslegen. Die dafür benötigten Kekse wieder herausnehmen und beiseite legen. Alle restlichen Kekse in einen Gefrierbeutel füllen, den Beutel verschließen, mit einer Teigrolle fein zerbröseln und unter die Butter-Schoko-Masse rühren.
3. Eine Tortenplatte mit Tortenspitze oder Backpapier belegen und einen Springformrand (Ø 26 cm) darauf stellen. Die Keksmasse darin verteilen, mit Hilfe eines Löffels zu einem Boden andrücken und kalt stellen.
4. Für den Belag Gelatine nach Packungsanleitung einweichen. Frischkäse mit Zucker, Milch und Vanille-Zucker verrühren. Gelatine in einem kleinen Topf bei schwacher Hitze auflösen (nicht kochen) und mit etwas von der Frischkäsemischung verrühren, dann unter die restliche Frischkäsemischung rühren. Vorbereitete Kekshälften wieder in den Springformrand auf den Keks-Schoko-Boden stellen.
5. Knapp ein Drittel der Frischkäsemasse abnehmen, Apfelkompott unterrühren, vorsichtig auf den vorbereiteten Keks-Schoko-Boden geben und glatt streichen. Die restliche flüssige Schokolade (von den 200 g) evtl. nochmals etwas erwärmen, unter die restliche Frischkäsemasse rühren und die Gewürze ebenfalls unterrühren. Die Masse vorsichtig esslöffelweise auf der Apfelmus-Frischkäsemasse verteilen und glatt streichen.
6. Die Torte etwa 3 Stunden kalt stellen. Anschließend den Springformrand lösen und entfernen. Die Torte mit den Schokosternen garnieren.

Tipp: Die Spekulatius für den Rand lassen sich am besten halbieren, wenn Sie die Bruchstelle vorher mit einem kleinen Sägemesser ansägen und die Kekse dann dort brechen.
Garnieren Sie die Torte zusätzlich mit 1–2 grob zerbrochenen Spekulatius.
Rühren Sie 2 Esslöffel Rum-Rosinen unter die Apfelmus-Frischkäse-Masse.
Für eine etwas andere Garnierung können Sie bei der Zubereitung der Schokosterne nur einen Teil der vorgesehenen Schokolade (etwa 30 g) auf Backpapier ausstreichen und den Rest in einen kleinen Gefrierbeutel oder in ein Papiertütchen füllen. Schneiden Sie eine Ecke ab und spritzen Sie Sternumrisse auf Backpapier. Sternumrisse und ausgestochene Sterne fest werden lassen und die Torte mit beidem garnieren.

Torten

Schokoladen-Buttermilch-Torte

Für Gäste

Zubereitungszeit: 60 Minuten, ohne Kühlzeit
Backzeit: etwa 45 Minuten

Zutaten:

Für den Schüttelteig:

150 g	Butter oder Margarine
200 g	Weizenmehl
2 gestr. TL	Dr. Oetker Backin
30 g	Kakaopulver
170 g	Zucker
1 Pck.	Dr. Oetker Vanillin-Zucker
4	Eier (Größe M)
125 ml (1/8 l)	Buttermilch

Für die Füllung:

100 g	Butter
200 g	Zartbitter-Kuvertüre
200 g	Schlagsahne
70 g	gesiebter Puderzucker

Zum Garnieren:
Zuckerperlen

Zum Bestäuben:
Kakaopulver

1. Für den Teig Butter oder Margarine zerlassen und abkühlen lassen. Mehl mit Backpulver und Kakao mischen, in eine verschließbare Schüssel (etwa 3 l) sieben und mit Zucker und Vanillin-Zucker mischen. Eier, Butter oder Margarine und Buttermilch hinzufügen und die Schüssel mit dem Deckel fest verschließen.
2. Schüssel mehrmals (insgesamt 15–30 Sekunden) kräftig schütteln, so dass alle Zutaten gut vermischt sind. Alles mit einem Schneebesen oder Rührlöffel nochmals sorgfältig durchrühren, damit trockene Zutaten vom Rand mit untergerührt werden. Den Teig in eine Springform (Ø 22 cm, Boden gefettet) füllen und glatt streichen. Form auf dem Rost in den Backofen schieben.

Ober-/Unterhitze: etwa 180 °C (vorgeheizt)
Heißluft: etwa 160 °C (nicht vorgeheizt)
Gas: Stufe 2–3 (nicht vorgeheizt)
Backzeit: etwa 45 Minuten.

3. Den Boden 5 Minuten in der Form stehen lassen, dann aus der Form lösen und auf einem mit Backpapier belegten Kuchenrost erkalten lassen.
4. Für die Füllung Butter und Kuvertüre in kleine Stücke schneiden, bzw. hacken, mit Sahne und Puderzucker in einen Topf geben und bei schwacher Hitze zerlassen, dabei gelegentlich umrühren. So lange rühren, bis eine geschmeidige Masse entstanden ist. Schokomasse abkühlen lassen, dann mit einem Kochlöffel so lange rühren, bis sie streichfähig ist.
5. Den Boden zweimal waagerecht durchschneiden. Die Schokocreme halbieren. Eine Hälfte der Creme auf zwei der Gebäckplatten streichen. Böden zusammensetzen und den dritten Boden auflegen. Von der restlichen Creme 2 Esslöffel zum Verzieren in einen Spritzbeutel mit kleiner Sterntülle füllen. Die Torte mit der restlichen Schokocreme vollständig bestreichen und kurz kalt stellen.
6. Torte auf eine Tortenplatte setzen und oberen und unteren Rand mit Cremetupfen verzieren. Die Torte kalt stellen und vor dem Servieren mit Zuckerperlen garnieren und mit Kakaopulver bestäuben.

Torten

Weiße Schokoladen-Schichttorte

Beliebt

Zubereitungszeit: 45 Minuten
Backzeit: 8–10 Minuten je Backblech

Zutaten:

Für den Rührteig:

100 g	Zartbitter-Schokolade
175 g	Butter oder Margarine
125 g	Zucker
1 Pck.	Dr. Oetker Vanillin-Zucker
1 Prise	Salz
3	Eier (Größe M)
125 g	Weizenmehl
50 g	Speisestärke
1 gestr. TL	Dr. Oetker Backin

Zum Bestreuen:

100 g	Raspelschokolade (Vollmilch oder Zartbitter)

Für die Füllung:

300 g	weiße Schokolade
400 g	Schlagsahne
2 Pck.	Dr. Oetker Sahnesteif
3–4 EL	Orangenlikör

Zum Bestäuben:

Kakao und Puderzucker

1. Für den Teig die Schokolade in Stücke brechen, bei schwacher Hitze im Wasserbad geschmeidig rühren und etwas abkühlen lassen. Butter oder Margarine in einer Rührschüssel mit Handrührgerät mit Rührbesen geschmeidig rühren. Nach und nach Zucker, Vanillin Zucker und Salz unterrühren.
2. Eier nach und nach auf höchster Stufe unterrühren (jedes Ei etwa ½ Minute). Schokolade unterrühren. Mehl mit Speisestärke und Backpulver mischen, sieben und in 2 Portionen unterrühren.
3. Den Teig in 6 Teile teilen und 6 Böden daraus backen. Jeweils 2 Böden (Ø je 20 cm) auf ein mit Backpapier belegtes Backblech streichen und mit etwas Raspelschokolade bestreuen. Die Backbleche nacheinander (bei Heißluft zusammen) in den Backofen schieben.

Ober-/Unterhitze: etwa 180 °C (vorgeheizt)
Heißluft: etwa 160 °C (vorgeheizt)
Gas: Stufe 2–3 (vorgeheizt)
Backzeit: 8–10 Minuten je Backblech.

4. Die Böden sofort nach dem Backen mit dem Backpapier vom Backblech auf Kuchenroste ziehen und erkalten lassen.
5. Für die Füllung die Schokolade mit einem Sparschäler oder einer Küchenreibe raspeln. Sahne mit Sahnesteif steif schlagen. Zwei Drittel der Schokolade und den Likör unterheben.
6. Die Schokoladensahne auf die 6 Böden verteilen, darauf verstreichen und die Böden zu einer Torte zusammensetzen. Die Torte 1–2 Stunden kalt stellen.
7. Vor dem Servieren die obere Sahneschicht mit der restlichen Schokolade bestreuen.

Tipp: Der Orangenlikör kann ersatzlos weggelassen werden.
Hat die Schokolade Zimmertemperatur, so lassen sich besonders schöne Locken raspeln.
Bestäuben Sie die Torte vor dem Servieren zusätzlich mit etwas Kakaopulver.

Torten

Wiener Schokoladentorte

Raffiniert

Zubereitungszeit: 40 Minuten, ohne Abkühlzeit
Backzeit: etwa 70 Minuten

Zutaten:

Für den Rührteig:

250 g	Zartbitter-Schokolade
250 g	weiche Butter
150 g	Zucker
5	Eigelb (Größe M)
3	Eier (Größe M)
200 g	abgezogene, gemahlene Mandeln
100 g	Semmelbrösel
2 gestr. TL	Dr. Oetker Backin
5	Eiweiß (Größe M)
100 g	Raspelschokolade

Zum Bestreichen:

3 EL	Johannisbeergelee oder Orangenmarmelade
2 EL	Wasser

Für Guss und Garnierung:

250 g	Zartbitter-Schokolade
2–3 TL	Speiseöl
1 EL	Kakaopulver

1. Für den Teig Schokolade in Stücke brechen, in einem Topf im Wasserbad bei schwacher Hitze geschmeidig rühren und etwas abkühlen lassen. Butter mit Handrührgerät mit Rührbesen auf höchster Stufe geschmeidig rühren. Nach und nach 100 g des Zuckers, Eigelb und Eier unterrühren (jedes Ei etwa ½ Minute). Mandeln mit Semmelbröseln und Backpulver mischen und portionsweise unterrühren.
2. Eiweiß steif schlagen, den restlichen Zucker unterschlagen und den Eischnee vorsichtig unter die Teigmasse heben. Den Teig in eine Springform (Ø 28 cm, gefettet) füllen und glatt streichen. Die Form auf dem Rost in den Backofen schieben.

Ober-/Unterhitze: 160–180 °C (vorgeheizt)
Heißluft: 140–160 °C (nicht vorgeheizt)
Gas: etwa Stufe 2 (nicht vorgeheizt)
Backzeit: etwa 70 Minuten.

3. Den Tortenboden aus der Form lösen und auf einem Kuchenrost erkalten lassen.
4. Zum Bestreichen Gelee oder Marmelade glatt rühren, bzw. durch ein Sieb streichen und mit Wasser unter Rühren 2–3 Minuten kochen lassen. Den Tortenboden vollständig damit bestreichen und etwas antrocknen lassen.
5. Für den Guss Schokolade grob hacken und mit Öl in einem Topf im Wasserbad geschmeidig rühren. Die Torte mit zwei Dritteln von der Kuvertüre überziehen.
6. Zum Garnieren restliche Kuvertüre auf einem runden Stück Backpapier (Ø 30 cm) gleichmäßig dick verstreichen, dabei 2 cm am Rand frei lassen. Das Backpapier so auf einen leicht tiefen Suppenteller legen, dass sich eine Falte bildet. Den Teller mit dem Backpapier 5–10 Minuten kalt stellen, bis die Kuvertüre fest geworden ist.
7. Teller wieder herausnehmen und Backpapier vorsichtig abziehen. Die Kuvertüreplatte vorsichtig auf die Tortenoberfläche legen. Die Torte vor dem Servieren mit Kakaopulver bestäuben.

Tipp: Die Wiener Schokoladentorte schmeckt gut durchgezogen (2–3 Tage) besonders gut.
Sie können den Tortenboden zusätzlich füllen. Dazu den gebackenen Boden vollständig erkalten lassen und einmal waagerecht durchschneiden. Unteren Boden mit 2 Esslöffeln Johannisbeergelee, Aprikosenkonfitüre oder Orangenmarmelade bestreichen, den oberen Boden auflegen und leicht andrücken. Dann die Torte wie im Rezept beschrieben überziehen.

Torten

Orangen-Herrentorte

Beliebt

Zubereitungszeit: 50 Minuten
Backzeit: etwa 25 Minuten

Zutaten:

Für den All-in-Teig:

50 g	Weizenmehl
1 Msp.	Dr. Oetker Backin
40 g	Zucker
1	Ei (Größe M)
50 g	weiche Butter oder Margarine

Zum Bestreuen:

25 g	Zartbitter-Raspelschokolade

Für den Knetteig:

125 g	Weizenmehl
½ gestr.	TL Dr. Oetker Backin
50 g	Zucker
1 Pck.	Dr. Oetker Vanillin-Zucker
1	Ei (Größe M)
50 g	Butter

Zum Bestreichen:

150 g	Bitterorangenmarmelade

Für die Füllung:

300 g	Edelbitter-Schokolade (etwa 60 % Kakao)
5 Blatt	weiße Gelatine
100 ml	Milch
1 EL	Zucker
3	Eigelb (Größe M)
400 g	Schlagsahne
3–4 EL	Cognac oder Grand Manier (Orangenlikör)

Für die Randverzierung:

3	Eiweiß (Größe M)
100 g	Zucker
1 Pck.	Dr. Oetker Finesse Orangenfrucht

1. Für den All-in-Teig Mehl mit Backpulver mischen und in eine Rührschüssel sieben. Restliche Zutaten hinzufügen und alles mit Handrührgerät mit Rührbesen auf höchster Stufe in 2 Minuten zu einem glatten Teig verarbeiten.
2. Teig in eine Springform (Ø 26 cm, Boden gefettet) füllen, glatt streichen und mit Schokolade bestreuen. Die Form auf dem Rost in den Backofen schieben.

Ober-/Unterhitze: etwa 180 °C (vorgeheizt)
Heißluft: etwa 160 °C (vorgeheizt)
Gas: Stufe 2–3 (vorgeheizt)
Backzeit: etwa 10 Minuten.

3. Den Boden aus der Form lösen und auf einem mit Backpapier belegten Kuchenrost erkalten lassen.
4. Für den Knetteig Mehl mit Backpulver mischen und in eine Rührschüssel sieben. Restliche Zutaten hinzufügen und mit Handrührgerät mit Knethaken zunächst kurz auf niedrigster, dann auf höchster Stufe durcharbeiten. Dann den Teig auf der leicht bemehlten Arbeitsfläche kurz verkneten, auf dem Boden einer Springform (Ø 26 cm, gefettet) ausrollen und mehrfach mit einer Gabel einstechen. Springformrand darumstellen, die Form auf dem Rost in den Backofen schieben und **bei gleicher Backofeneinstellung 12–15 Minuten backen**.
5. Boden vom Springformboden lösen, aber darauf etwas abkühlen lassen. Boden dann vorsichtig auf eine Tortenplatte gleiten lassen, noch warm mit Marmelade bestreichen und erkalten lassen. Springformrand oder Tortenring darumstellen.
6. Für die Füllung Schokolade in Stücke brechen, in einem kleinen Topf im Wasserbad bei schwacher Hitze geschmeidig rühren und etwas abkühlen lassen. Gelatine nach Packungsanleitung einweichen. Milch mit Zucker und Eigelb in eine Schüssel geben und im heißen Wasserbad mit Handrührgerät mit Rührbesen zu einer dicklichen Masse schlagen (etwa 5 Minuten).
7. Gelatine leicht ausdrücken und unter Rühren darin auflösen. Die Eigelbcreme aus dem Wasserbad nehmen. 2 Esslöffel von der flüssigen Schokolade zum Verzieren beiseite stellen, restliche Schokolade in 2 Portionen kurz unter die Eiermasse rühren. Die Masse unter gelegentlichem Rühren abkühlen lassen.
8. Sahne steif schlagen und in 2 Portionen vorsichtig unter die Schokoladencreme heben. Dann Alkohol unterrühren. Knapp die Hälfte der Creme auf den mit Marmelade verstrichenen Boden geben und glatt streichen. Dann den All-in-Teig-Boden darauf legen, mit der restlichen Schokocreme bedecken und glatt streichen. Die Torte etwa 2 Stunden kalt stellen.
9. Für die Randverzierung Springformrand oder Tortenring lösen und entfernen. Eiweiß mit Zucker steif schlagen. Orangenfrucht unterrühren. Die Baisermasse portionsweise in einen Spritzbeutel mit kleiner Sterntülle füllen und den Rand damit verzieren. Baiser mit einem Flämmgerät goldgelb abflämmen. Die zurückgestellte Schokolade wieder leicht erwärmen und die Torte damit besprenkeln.

Tipp: Statt mit Baiser den Tortenrand mit steif geschlagener Sahne verzieren.

Torten

Feine Schokoladentorte

Für Gäste

Zubereitungszeit: 40 Minuten, ohne Abkühlzeit
Backzeit: etwa 40 Minuten

Zutaten:

Für den Rührteig:

150 g	Zartbitter-Schokolade
150 g	Butter oder Margarine
75 g	Zucker
1 Pck.	Dr. Oetker Vanillin-Zucker
2	Eier (Größe M)
4	Eigelb (Größe M)
150 g	Weizenmehl
20 g	Kakaopulver
1 gestr. TL	Dr. Oetker Backin
4	Eiweiß (Größe M)
75 g	Zucker

Zum Bestreichen:

4–6 EL	Johannisbeergelee

Für den Guss:

100 g	Zartbitter-Schokolade
5 EL	Schlagsahne

1. Für den Teig Schokolade in Stücke brechen, in einem kleinen Topf im Wasserbad bei schwacher Hitze geschmeidig rühren und etwas abkühlen lassen. Butter oder Margarine mit Handrührgerät mit Rührbesen auf höchster Stufe geschmeidig rühren. Nach und nach Zucker und Vanillin-Zucker unterrühren. So lange rühren, bis eine gebundene Masse entstanden ist.
2. Eier und Eigelb nach und nach unterrühren (jedes Ei knapp ½ Minute). Mehl mit Kakao und Backpulver mischen, sieben, in 2 Portionen kurz auf mittlerer Stufe unterrühren. Schokolade ebenfalls kurz unterrühren.
3. Eiweiß steif schlagen. Nach und nach Zucker unterschlagen. Eischnee vorsichtig unter den Teig heben, in eine Springform (Ø 26 cm, Boden gefettet) geben und glatt streichen. Die Form auf dem Rost in den Backofen schieben.

Ober-/Unterhitze: etwa 180 °C (vorgeheizt)
Heißluft: etwa 160 °C (nicht vorgeheizt)
Gas: Stufe 2–3 (nicht vorgeheizt)
Backzeit: etwa 40 Minuten.

4. Die Form auf einen Kuchenrost stellen. Den Tortenboden etwa 10 Minuten in der Form stehen lassen, dann aus der Form lösen und auf einen mit Backpapier belegten Kuchenrost stürzen. Tortenboden erkalten lassen, dann einmal waagerecht durchschneiden.
5. Den unteren Tortenboden mit 2–3 Esslöffeln Johannisbeergelee bestreichen, den oberen Tortenboden darauf legen. Tortenrand und -oberfläche gleichmäßig mit dem restlichen Johannisbeergelee bestreichen.
6. Für den Guss Schokolade in kleine Stücke brechen, mit Sahne in einem kleinen Topf im Wasserbad bei schwacher Hitze auflösen und so lange mit dem Schneebesen verrühren, bis die Masse geschmeidig wird. Guss etwas abkühlen lassen. Die Torte mit dem Guss überziehen. Guss mit einem Tafelmesser etwas wellig verstreichen und fest werden lassen.

Beigabe: Steif geschlagene Schlagsahne.

Torten

Pralinentorte

Beliebt

Zubereitungszeit: 50 Minuten, ohne Kühlzeit
Backzeit: 30–35 Minuten

Zutaten:

Zum Vorbereiten für die Füllung:

500 g	Schlagsahne
100 g	Nuss-Nougat
300 g	Zartbitter-Kuvertüre
1–2 EL	Orangenlikör

Für den All-in-Teig:

150 g	Zartbitter-Kuvertüre
100 g	Weizenmehl
25 g	Speisestärke
3 gestr. TL	Dr. Oetker Backin
125 g	Zucker
1 Pck.	Dr. Oetker Vanillin-Zucker
3	Eier (Größe M)
100 g	weiche Butter oder Margarine

Zum Bestreichen und Garnieren:

400 g	Schlagsahne
2 Pck.	Dr. Oetker Sahnesteif
etwas	Kakaopulver
einige	belgische Meeresfrüchte-Pralinen

1. Zum Vorbereiten Sahne in einem Topf zum Kochen bringen und von der Kochstelle nehmen. Nuss-Nougat und in Stücke gehackte Kuvertüre darin unter Rühren zerlassen. Likör hinzufügen. Schokosahne in eine Rührschüssel geben, mit Frischhaltefolie zudecken, erkalten lassen und über Nacht kalt stellen.
2. Für den Teig Kuvertüre grob hacken, in einem kleinen Topf im Wasserbad bei schwacher Hitze geschmeidig rühren und etwas abkühlen lassen. Mehl mit Speisestärke und Backpulver mischen und in eine Rührschüssel sieben. Zucker, Vanillin-Zucker, Eier und Butter oder Margarine hinzufügen. Die Zutaten mit Handrührgerät mit Rührbesen in etwa 2 Minuten auf höchster Stufe zu einem Teig verarbeiten. Zuletzt die aufgelöste Kuvertüre unterrühren. Den Teig in eine Springform (Ø 24 cm, Boden gefettet, mit Backpapier belegt) füllen und glatt streichen. Die Form auf dem Rost in den Backofen schieben.

Ober-/Unterhitze: etwa 180 °C (vorgeheizt)
Heißluft: etwa 160 °C (vorgeheizt)
Gas: Stufe 2–3 (vorgeheizt)
Backzeit: 30–35 Minuten.

3. Boden aus der Form lösen, auf einen mit Backpapier belegten Kuchenrost stürzen und erkalten lassen. Anschließend das mitgebackene Backpapier abziehen und den Boden einmal waagerecht durchschneiden.
4. Für die Füllung Schokosahne mit Handrührgerät mit Rührbesen cremig aufschlagen. Den unteren Boden auf eine Platte legen und mit der Schokocreme bestreichen. Oberen Boden darauf legen, etwas andrücken und die Torte kalt stellen.
5. Zum Bestreichen Sahne mit Sahnesteif steif schlagen. Tortenrand und -oberfläche damit bestreichen und mit Hilfe eines Tortenkamms verzieren. Die Torte nochmals kalt stellen. Zum Garnieren die Tortenoberfläche vor dem Servieren mit etwas Kakaopulver bestäuben und mit Pralinen garnieren.

Torten

Preiselbeer-Schokoladen-Torte

Beliebt

Zubereitungszeit: 45 Minuten, ohne Kühlzeit
Backzeit: etwa 25 Minuten

Zutaten:

Für den Biskuitteig:

4	Eier (Größe M)
3 EL	heißes Wasser
100 g	Zucker
1 Pck.	Dr. Oetker Vanillin-Zucker
100 g	Weizenmehl
25 g	Speisestärke
10 g	Kakaopulver
gut 1 Msp.	gemahlener Zimt
½ gestr. TL	Dr. Oetker Backin

Für die Füllung:

100 g	Vollmilch-Kuvertüre
100 g	Zartbitter-Kuvertüre
1 Glas (395 g)	Wild-Preiselbeeren
2 EL	Zitronensaft
800 g	Schlagsahne
3 Pck.	Dr. Oetker Sahnesteif

Zum Garnieren:

100 g	Zartbitter-Schokolade

1. Für den Teig Eier und Wasser mit Handrührgerät mit Rührbesen auf höchster Stufe in 1 Minute schaumig schlagen. Zucker mit Vanillin-Zucker mischen, in 1 Minute einstreuen, dann noch 2 Minuten weiterschlagen.
2. Mehl mit Speisestärke, Kakao, Zimt und Backpulver mischen, auf die Eiercreme sieben und kurz auf niedrigster Stufe unterrühren. Den Teig in eine Springform (Ø 26 cm, Boden gefettet, mit Backpapier belegt) füllen. Die Form auf dem Rost in den Backofen schieben.

Ober-/Unterhitze: etwa 180 °C (vorgeheizt)
Heißluft: etwa 160 °C (vorgeheizt)
Gas: Stufe 2–3 (vorgeheizt)
Backzeit: etwa 25 Minuten.

3. Den Boden aus der Form lösen, auf einen mit Backpapier belegten Kuchenrost stürzen und erkalten lassen. Anschließend mitgebackenes Backpapier abziehen und den Boden einmal waagerecht durchschneiden.
4. Für die Füllung Kuvertüre grob hacken, in einem kleinen Topf im Wasserbad bei schwacher Hitze geschmeidig rühren und abkühlen lassen. Preiselbeeren mit Zitronensaft verrühren. Den unteren Biskuitboden auf eine Tortenplatte legen. Die Fruchtmasse darauf verteilen und am Rand etwa 1 cm frei lassen. Sahne mit Sahnesteif steif schlagen. 2 Esslöffel von der Sahne mit der abgekühlten Kuvertüre verrühren, dann die Kuvertüre-Sahne-Mischung nach und nach unter die übrige Sahne rühren.
5. Die Hälfte der Schokoladensahne auf die Fruchtmasse streichen und den oberen Biskuitboden auflegen. Tortenoberfläche und -rand mit der restlichen Schokoladensahne bestreichen. Die Torte 2–3 Stunden kalt stellen.
6. Zum Garnieren Schokolade in Stücke brechen und in einem Topf im Wasserbad bei schwacher Hitze geschmeidig rühren. Schokolade dünn auf eine Platte streichen und fest werden lassen (nicht kalt stellen). Mit einem breiten Spachtel Schokolocken abschaben und diese mit Hilfe von Gabeln auf die Torte legen.

Torten

Champagnercreme-Trüffeltorte

Raffiniert – für Gäste

Zubereitungszeit: 60 Minuten, ohne Kühlzeit
Backzeit: 30–35 Minuten

Zutaten:

Zum Vorbereiten für die Trüffelcreme:

450 g	Schlagsahne
180 g	Butter
300 g	weiße Schokolade
100 g	abgezogene, gemahlene Mandeln

Für den Knetteig:

100 g	Weizenmehl
40 g	Zucker
60 g	Butter

Für den Biskuitteig:

2	Eier (Größe M)
2 EL	heißes Wasser
100 g	Zucker
1 Pck.	Dr. Oetker Bourbon-Vanille-Zucker
75 g	Weizenmehl
25 g	Speisestärke
1 gestr. TL	Dr. Oetker Backin

Für die Champagnercreme:

20 g	Zucker
10 g	Speisestärke
1	Eigelb (Größe M)
125 ml (1/8 l)	Champagner oder Sekt

Zum Verzieren:

150 g	weiße Kuvertüre
25 g	Butter
1 TL	Zucker

1. Zum Vorbereiten für die Trüffelcreme Sahne in einem Topf unter Rühren zum Kochen bringen. Topf von der Kochstelle nehmen, Butter darin zerlassen, dann Schokolade in Stücken unter Rühren darin schmelzen lassen, bis eine gebundene Masse entstanden ist. Die Trüffelcreme in eine Rührschüssel füllen und mindestens 4 Stunden (am besten über Nacht) kalt stellen. Mandeln in einer Pfanne ohne Fett leicht bräunen und auf einem Teller erkalten lassen.
2. Für den Knetteig Mehl in eine Schüssel sieben. Restliche Zutaten hinzufügen und mit Handrührgerät mit Knethaken durcharbeiten. Teig auf der leicht bemehlten Arbeitsfläche kurz verkneten und auf einem gefetteten Springformboden (Ø 24 cm) ausrollen. Teig mehrfach mit einer Gabel einstechen, Springformrand darumstellen und die Form auf dem Rost in den Backofen schieben.

Ober-/Unterhitze: etwa 180 °C (vorgeheizt)
Heißluft: etwa 160 °C (vorgeheizt)
Gas: Stufe 2–3 (vorgeheizt)
Backzeit: etwa 12 Minuten.

3. Knetteigboden vom Springformboden lösen, aber darauf erkalten lassen.
4. Für den Biskuitteig Eier und Wasser mit Handrührgerät mit Rührbesen auf höchster Stufe in 1 Minute schaumig schlagen. Zucker und Vanille-Zucker mischen, in 1 Minute einstreuen, dann noch 2 Minuten weiterschlagen. Mehl mit Speisestärke und Backpulver mischen, auf die Eiercreme sieben und kurz auf niedrigster Stufe unterrühren. Zuletzt 50 g geröstete Mandeln unterheben. Teig in die gesäuberte Springform (Ø 24 cm, Boden gefettet, mit Backpapier belegt) füllen und glatt streichen. Form auf dem Rost in den Backofen schieben **und bei gleicher Backofeneinstellung 20–25 Minuten backen.**
5. Den Boden aus der Form lösen, auf einen mit Backpapier belegten Kuchenrost stürzen und den Boden erkalten lassen. Anschließend mitgebackenes Backpapier entfernen und den Boden einmal waagerecht durchschneiden.
6. Für die Champagnercreme Zucker mit Speisestärke in einem kleinen Topf vermischen und mit Eigelb und etwas Champagner oder Sekt anrühren. Restlichen Champagner oder Sekt unterrühren und alles unter Rühren kurz aufkochen lassen. Creme kalt rühren. Knetteigboden auf eine Tortenplatte legen, mit der Creme bestreichen und unteren Biskuitboden auflegen.
7. Die kalt gestellte Trüffelcreme mit Handrührgerät mit Rührbesen cremig aufschlagen. Mit Hilfe von zwei Teelöffeln 14–16 kleine Pralinen abstechen und auf Backpapier kalt stellen. Dann Pralinen in den restlichen Mandeln wälzen.
8. Gut die Hälfte der restlichen Trüffelcreme kuppelartig auf den Boden streichen, den oberen Gebäckboden darauf legen und etwas andrücken. Oberfläche und Rand mit der restlichen Trüffelcreme bestreichen.
9. Zum Verzieren Kuvertüre auflösen und Butter unterrühren. Masse abkühlen lassen und in eine Papierspritztüte füllen. Spitze abschneiden und die Torte mit einem Bandmuster verzieren. Tortenoberfläche mit Zucker bestreuen. Die Torte mit den Pralinen garnieren und kalt stellen.

Torten

Walnuss-Whisky-Torte

Beliebt

Zubereitungszeit: 50 Minuten, ohne Kühlzeit
Backzeit: 25–30 Minuten

Zutaten:

Für den Biskuitteig:

150 g	Walnusskerne
3	Eier (Größe M)
2 EL	heißes Wasser
125 g	Zucker
1 Pck.	Dr. Oetker Vanillin-Zucker
75 g	Weizenmehl
1 Pck.	Gala Schokoladen-Pudding-Pulver
1 gestr. TL	Dr. Oetker Backin

Zum Beträufeln:

6 EL	Whisky

Für die Füllung:

3 Blatt	weiße Gelatine
4 EL	Schokoladensirup
300 g	Schlagsahne
20 g	Puderzucker
100 g	Vollmilch-Schokolade

Zum Verzieren und Garnieren:

150 g	Zartbitter-Schokolade
500 g	Schlagsahne

1. Für den Teig 16 Walnusskerne zum Garnieren beiseite legen, restliche Kerne mahlen, in einer Pfanne ohne Fett leicht bräunen und auf einem Teller erkalten lassen.
2. Eier und Wasser mit Handrührgerät mit Rührbesen auf höchster Stufe in 1 Minute schaumig schlagen. Zucker und Vanillin-Zucker mischen, in 1 Minute einstreuen, dann noch 2 Minuten weiterschlagen.
3. Mehl mit Pudding-Pulver und Backpulver mischen, auf die Eiercreme sieben und kurz auf niedrigster Stufe unterrühren. Zuletzt 50 g der gerösteten Walnusskerne unterheben. Den Teig in eine Springform (Ø 24 cm, Boden gefettet, mit Backpapier belegt) füllen, glatt streichen und die Form auf dem Rost in den Backofen schieben.

Ober-/Unterhitze: etwa 180 °C (vorgeheizt)
Heißluft: etwa 160 °C (vorgeheizt)
Gas: Stufe 2–3 (vorgeheizt)
Backzeit: 25–30 Minuten.

4. Den Boden aus der Form lösen, auf einen mit Backpapier belegten Kuchenrost stürzen, Backpapier entfernen und den Boden erkalten lassen.
5. Den Boden einmal waagerecht durchschneiden und den unteren Boden mit der Hälfte des Whiskys beträufeln.
6. Für die Füllung Gelatine nach Packungsanleitung einweichen. Anschließend Gelatine leicht ausdrücken, in einem kleinen Topf bei schwacher Hitze auflösen (nicht kochen) und nach und nach Schokoladensirup unterrühren. Sahne steif schlagen, die Sirupmischung dazugeben und mit dem Puderzucker unterrühren.
7. Schokolade fein hacken und mit den restlichen gerösteten Walnusskerne unter die Sirupsahne heben. Die Creme auf den unteren Boden geben und glatt streichen. Den oberen Boden darauf legen und mit dem restlichen Whisky beträufeln. Die Torte etwa 1 Stunde kalt stellen.
8. Zum Garnieren Schokolade in kleine Stücke brechen und in einem Topf im Wasserbad bei schwacher Hitze geschmeidig rühren. 2 Teelöffel davon zum Besprenkeln in einen kleinen Gefrierbeutel geben, restliche Schokolade abkühlen lassen. Sahne steif schlagen. Abgekühlte flüssige Schokolade mit 1–2 Esslöffeln von der Sahne verrühren, dann die Mischung mit Hilfe eines Schneebesens kurz mit der restlichen Sahne verrühren.
9. Sahne portionsweise in einen Spritzbeutel mit großer Sterntülle füllen und Oberfläche und Rand der Torte mit Rosetten verzieren. Schokolade im Gefrierbeutel etwas durchkneten, evtl. leicht im Waserbad erwärmen und eine kleine Ecke abschneiden. Die Rosetten mit mit der Schokolade besprenkeln und mit den zurückgelassenen Walnusskernen garnieren.

Tipp: Schmecken Sie die Schokoladensahne mit 2 Esslöffeln Whisky ab.

Torten

Florentinertorte

Beliebt

Zubereitungszeit: 90 Minuten
Backzeit: etwa 40 Minuten

Zutaten:

Zum Vorbereiten für die Füllung:

250 g	Schlagsahne
50 g	Butter
400 g	Zartbitter-Kuvertüre
3 EL	Mandel-Likör

Für die Florentinermasse:

25 g	Butter
50 g	Zucker
20 g	Honig
75 g	Schlagsahne
100 g	abgezogene, gehobelte Mandeln
4	rote Belegkirschen
20 g	Orangeat
1 Msp.	Dr. Oetker Finesse Geriebene Zitronenschale

Für den Biskuitteig:

100 g	gemahlene Haselnusskerne
4	Eier (Größe M)
100 g	Zucker
1 Pck.	Dr. Oetker Vanillin-Zucker
100 g	Weizenmehl
40 g	Speisestärke
15 g	Kakaopulver
1 gestr. TL	Dr. Oetker Backin

Zum Bestreichen:

50 g	Zartbitter-Schokolade oder -Kuvertüre

1. Für die Füllung Sahne mit Butter in einen Topf geben und bei schwacher Hitze auflösen. Kuvertüre grob hacken, dazugeben und bei schwacher Hitze so lange mit einem Schneebesen verrühren, bis eine geschmeidige Masse entstanden ist. Die Masse in eine Schüssel geben, erkalten lassen und Mandel-Likör unterrühren. Die Masse mindestens 4 Stunden (am besten über Nacht) kalt stellen.
2. Für die Florentinermasse Butter mit Zucker und Honig in einen Topf geben und so lange unter Rühren erhitzen, bis die Masse leicht gebräunt ist. Sahne hinzufügen und so lange rühren, bis der Zucker wieder gelöst ist. Mandeln, in Stücke geschnittene Belegkirschen und Orangeat dazugeben und unter Rühren kurz aufkochen lassen, bis die Masse gebunden ist. 3 Esslöffel von der Masse für den Teig zurücklassen, restliche Masse in einer mit Backpapier belegten Springform (Ø 20 cm) verteilen und gleichmäßig dünn verstreichen. Die Form auf dem Rost in den Backofen schieben und die Florentinermasse goldgelb backen.

Ober-/Unterhitze: etwa 180 °C (vorgeheizt)
Heißluft: etwa 160 °C (vorgeheizt)
Gas: Stufe 2–3 (vorgeheizt)
Backzeit: 8–10 Minuten.

3. Florentinerboden in der Form auf einem Kuchenrost erkalten lassen.
4. Für den Teig Nusskerne in einer Pfanne leicht bräunen und erkalten lassen. Eier mit Handrührgerät mit Rührbesen auf höchster Stufe in 1 Minute schaumig schlagen. Zucker und Vanillin-Zucker mischen, in 1 Minute einstreuen, dann noch 2 Minuten weiterschlagen. Mehl mit Speisestärke, Kakaopulver und Backpulver mischen, auf die Eiercreme sieben und kurz auf niedrigster Stufe unterrühren. Zuletzt die Nusskerne und die Florentinermasse kurz unterarbeiten. Den Teig in eine Springform (Ø 26 cm, Boden gefettet, mit Backpapier belegt) geben und glatt streichen. Die Form auf dem Rost in den Backofen schieben und **den Boden bei gleicher Backofeneinstellung etwa 30 Minuten backen**.
5. Boden aus der Form lösen, auf einen mit Backpapier belegten Kuchenrost stürzen, erkalten lassen. Mitgebackenes Backpapier entfernen und den Boden zweimal waagerecht durchschneiden. Unteren Boden auf eine Tortenplatte legen.
6. Für die Füllung Kuvertüremasse mit Handrührgerät mit Rührbesen cremig schlagen. Ein Drittel davon auf den unteren Boden streichen. Zweiten Boden auflegen, die Hälfte der restlichen Füllung darauf verteilen und mit dem letzten Boden bedecken. 2 Esslöffel von der restlichen Creme in einen Spritzbeutel mit kleiner Sterntülle füllen. Mit dem Rest Tortenoberfläche und -rand bestreichen.
7. Florentinerboden aus der Form lösen und auf Backpapier stürzen. Mitgebackenes Backpapier entfernen. Die Unterseite mit der im Wasserbad aufgelösten Kuvertüre bestreichen, evtl. mit einem Tortengarnierkamm Wellen aufstreichen und Kuvertüre fest werden lassen. Den Boden auf die Schokoladenseite legen und in 16 Tortenstücke schneiden. Die Torte in 16 Stücke einteilen und auf jedes Stück am Rand einen Tupfen mit der Creme aus dem Spritzbeutel spritzen. Je ein Florentinerstück an die Creme legen. Die Torte etwa 2 Stunden kalt stellen.

Torten

Kirschtraum in Schokolade

Etwas aufwändiger – mit Alkohol

Zubereitungszeit: 50 Minuten
Backzeit: etwa 45 Minuten

Zutaten:

Für den Rührteig:

1 Glas	Sauerkirschen (Abtropfgewicht 350 g)
100 g	Edelbitter-Schokolade (70 % Kakao)
6	Kirsch-Alkohol-Pralinen
250 g	Butter oder Margarine
200 g	Zucker
2 Pck.	Dr. Oetker Bourbon-Vanille-Zucker
6	Eier (Größe M)
325 g	Dinkelmehl Type 630
2 gestr. TL	Dr. Oetker Backin
4 EL	Sauerkirschsaft aus dem Glas

Für Füllung und Garnierung:

12	Kirsch-Alkohol-Pralinen
200 g	Edelbitter-Schokolade (70 % Kakao)
800 g	Schlagsahne
2 Pck.	Dr. Oetker Sahnesteif
40 g	Puderzucker

Zum Bestreuen:

50 g	geraspelte Edelbitter-Schokolade (70 % Kakao)

1. Für den Teig Kirschen in einem Sieb abtropfen lassen, etwas Saft dabei auffangen und 4 Esslöffel davon abnehmen. Schokolade fein hacken. Pralinen grob hacken. Butter oder Margarine mit Handrührgerät mit Rührbesen auf höchster Stufe geschmeidig rühren. Nach und nach Zucker und Vanille-Zucker unterrühren. So lange rühren, bis eine gebundene Masse entstanden ist.
2. Eier nach und nach unterrühren (jedes Ei etwa ½ Minute). Mehl mit Backpulver mischen und in 2 Portionen abwechselnd mit dem Kirschsaft auf mittlerer Stufe unterrühren. Zuletzt Schokolade und Pralinen mit Flüssigkeit kurz unterrühren.
3. Den Teig in eine Springform (Ø 26 cm, Boden gefettet) füllen und glatt streichen. Die Kirschen auf der Oberfläche verteilen. Die Form auf dem Rost in den Backofen schieben.

Ober-/Unterhitze: etwa 180 °C (vorgeheizt)
Heißluft: etwa 160 °C (nicht vorgeheizt)
Gas: Stufe 2–3 (nicht vorgeheizt)
Backzeit: etwa 45 Minuten (nach 30 Minuten Gebäck mit Backpapier bedecken).

4. Den Boden 10 Minuten stehen lassen, dann aus der Form lösen, auf einen mit Backpapier belegten Kuchenrost legen und erkalten lassen. Anschließend den Boden zweimal waagerecht durchschneiden.
5. Für die Füllung den unteren Boden auf eine Tortenplatte legen und die Kirsch-Alkohol-Pralinen darauf verteilen, dabei 1–2 cm am Rand frei lassen. Schokolade fein hacken. Schlagsahne mit Sahnesteif und Puderzucker steif schlagen und Schokolade unterheben.
6. Knapp ein Drittel der Sahnecreme auf dem unteren Boden und den Pralinen verteilen und vorsichtig verstreichen. Den zweiten Boden darauf legen und knapp die Hälfte der restlichen Creme darauf verstreichen. Oberen Boden auflegen. Oberfläche der Torte dünn und Rand etwas dicker mit der restlichen Sahne bestreichen und die Torte kalt stellen.
7. Zum Bestreuen den Rand und die Oberfläche der Torte mit geraspelter Schokolade bestreuen.

Torten

Trüffeltorte

Raffiniert

Zubereitungszeit: 40 Minuten, ohne Kühlzeit
Backzeit: etwa 40 Minuten

Zutaten:

Zum Vorbereiten für die Trüffelsahne:

750 g	Schlagsahne
300 g	Zartbitter-Schokolade

Zum Vorbereiten für den Teig:

150 g	Zartbitter-Kuvertüre
150 g	Butter
1 EL	Instant-Espressopulver

Für den Schüttelteig:

200 g	Weizenmehl
3 gestr. TL	Dr. Oetker Backin
125 g	Zucker
3	Eier (Größe M)
1 Pck.	Dr. Oetker Finesse Bourbon-Vanille-Aroma
100 g	ungesalzene, fein gehackte Erdnusskerne

Außerdem:

6 Blatt	weiße Gelatine
1 EL	Kakaopulver
einige	Mini-Trüffel

1. Zum Vorbereiten für die Trüffelsahne Sahne in einem Topf gut erhitzen und von der Kochstelle nehmen. Schokolade in Stücke brechen und unter Rühren mit einem Schneebesen in der Sahne auflösen. Die Schokoladenmasse mit Frischhaltefolie zugedeckt über Nacht kalt stellen.
2. Zum Vorbereiten für den Teig Kuvertüre in kleine Stücke hacken, zusammen mit Butter und Espresso-Pulver in einem kleinen Topf im Wasserbad bei schwacher Hitze geschmeidig rühren und etwas abkühlen lassen.
3. Für den Teig Mehl mit Backpulver mischen, in eine verschließbare Schüssel (etwa 3 l) sieben und mit Zucker vermengen. Ei, Aroma und die Schokoladenmasse hinzufügen. Schüssel mit dem Deckel fest verschließen.
4. Schüssel mehrmals (insgesamt 15–30 Sekunden) kräftig schütteln, so dass alle Zutaten gut vermischt sind. Erdnusskerne hinzugeben. Alles mit einem Schneebesen oder Rührlöffel nochmals sorgfältig durchrühren, damit trockene Zutaten vom Rand mit untergerührt werden.
5. Den Teig in eine Springform (Ø 28 cm, Boden gefettet) füllen und glatt streichen. Die Form auf dem Rost in den Backofen schieben.

Ober-/Unterhitze: etwa 180 °C (vorgeheizt)
Heißluft: etwa 160 °C (nicht vorgeheizt)
Gas: Stufe 2–3 (nicht vorgeheizt)
Backzeit: etwa 40 Minuten.

6. Den Kuchen aus der Form lösen und auf einem mit Backpapier belegten Kuchenrost erkalten lassen.
7. Gelatine nach Packungsanleitung einweichen, anschließend leicht ausdrücken und in einem kleinen Topf bei schwacher Hitze auflösen (nicht kochen). Einen Esslöffel Trüffelsahne unterrühren.
8. Restliche Trüffelsahne mit Handrührgerät mit Rührbesen fast steif schlagen. Gelatinemischung unter Rühren hinzufügen und die Trüffelsahne ganz steif schlagen. Trüffelsahne auf dem Gebäckboden verteilen und glatt streichen. Auf der Trüffelsahne mit einer Gabel oder einem Tortenkamm ein Gittermuster ziehen und die Torte 2–3 Stunden kalt stellen.
9. Die Torte vor dem Servieren mit Kakao bestäuben und mit den Mini-Trüffeln garnieren.

Torten

Schneekönigin-Eistorte

Für Gäste – gut vorzubereiten

Zubereitungszeit: 45 Minuten, ohne Kühl- und Gefrierzeit
Backzeit: etwa 40 Minuten

Zutaten:

Für den Knetteig:

75 g	Weizenmehl
25 g	Zucker
50 g	weiche Butter oder Margarine
1	Eigelb (Größe M)

Für die Eiweißmasse:

50 g	Zucker
1 Pck.	Dr. Oetker Vanillin-Zucker
1	Eiweiß (Größe M)

Außerdem:

50 g	Zartbitter-Schokolade

Für die Füllung:

100 g	weiße Schokolade
600 g	Schlagsahne
75 g	Zucker
1 Pck.	Dr. Oetker Vanillin-Zucker
1 Pck.	Dr. Oetker Finesse Geriebene Zitronenschale

1. Für den Teig Mehl in eine Rührschüssel sieben. Restliche Zutaten hinzufügen und alles mit Handrührgerät mit Knethaken zunächst kurz auf niedrigster, dann auf höchster Stufe durcharbeiten. Anschließend den Teig auf der leicht bemehlten Arbeitsfläche kurz verkneten. Den Teig auf einem Springformboden (Ø 22 cm, gefettet) ausrollen, mit einer Gabel mehrmals einstechen und den Springformrand darumstellen. Die Form auf dem Rost in den Backofen schieben.

Ober-/Unterhitze: etwa 200 °C (vorgeheizt)
Heißluft: etwa 180 °C (vorgeheizt)
Gas: Stufe 3–4 (vorgeheizt)
Backzeit: etwa 10 Minuten.

2. Springformrand entfernen, den Boden vom Springformboden lösen, aber darauf auf einem Kuchenrost erkalten lassen.
3. Für die Eiweißmasse Zucker mit Vanillin-Zucker mischen. Eiweiß mit Handrührgerät mit Rührbesen fast steif schlagen, Zuckermischung nach und nach unterrühren und die Eiweißmasse völlig steif schlagen. Die Eiweißmasse in einen Spritzbeutel mit großer Lochtülle geben und walnussgroße Tupfen auf ein Backblech (gefettet, mit Backpapier belegt) spritzen. Das Backblech in den Backofen schieben.

Ober-/Unterhitze: etwa 160 °C (vorgeheizt)
Heißluft: etwa 140 °C (vorgeheizt)
Gas: Stufe 1–2 (vorgeheizt)
Backzeit: etwa 30 Minuten.

4. Die Baisertupfen mit Backpapier auf einen Kuchenrost ziehen und erkalten lassen. Knetteigboden auf eine Tortenplatte legen, einen Tortenring oder den gesäuberten Springformrand (Rand mit Backpapier auslegen) darumstellen.
5. Zartbitter-Schokolade zerkleinern, in einem Topf im Wasserbad bei schwacher Hitze geschmeidig rühren und etwas abkühlen lassen, dann den Boden damit bestreichen und fest werden lassen. Restliche Schokolade dünn auf Backpapier streichen und zum Garnieren beiseite legen (nicht kalt stellen).
6. Für die Füllung weiße Schokolade fein hacken. Schlagsahne mit Zucker, Vanillin-Zucker und Zitronenschale steif schlagen. Baisertupfen (bis auf 8–10 Stück) halbieren oder vierteln und mit der Schokolade unter die Sahne heben. Die Creme in den Tortenring oder Springformrand füllen und die Oberfläche mit einem Löffel wellenartig verzieren.
7. Zurückgelassene Baisertupfen dekorativ auf der Torte verteilen. Die Torte mindestens 5 Stunden gefrieren lassen.
8. Vor dem Servieren die beiseite gelegte Schokolade in Locken vom Backpapier schaben und die Torte damit garnieren.

Tipp: Lassen Sie die Torte vor dem Servieren etwa 15 Minuten antauen.

Torten

Brownie-Torte

Beliebt

Zubereitungszeit: 45 Minuten, ohne Kühlzeit
Backzeit: etwa 60 Minuten

Zutaten:

Zum Vorbereiten für die Creme:

175 g	weiße Schokolade
1 Becher	
(150 g)	Crème fraîche

Für den All-in-Teig:

150 g	Walnusskerne
100 g	Zartbitter-Schokolade
225 g	Weizenmehl
20 g	Kakaopulver
2 gestr. TL	Dr. Oetker Backin
100 g	Zucker
100 g	brauner Zucker
1 Pck.	Dr. Oetker Bourbon-Vanille-Zucker
½ gestr. TL	Salz
225 ml	Speiseöl, z. B. Sonnenblumenöl
3	Eier (Größe M)
2 EL	Milch

Außerdem:

50 g	Orangeat

Zum Verzieren und Garnieren:

100 g	Zartbitter-Schokolade
6	Walnusskerne

1. Zum Vorbereiten für die Creme am Vortag Schokolade in Stücke brechen, mit Crème fraîche in einen Topf geben und im Wasserbad bei schwacher Hitze geschmeidig rühren. Die Schokoladen-Crème-fraîche-Masse in eine Rührschüssel oder einen Rührbecher geben und über Nacht kalt stellen.
2. Für den Teig Walnusskerne und Schokolade grob hacken. Mehl mit Kakao und Backpulver mischen und in eine Rührschüssel sieben. Restliche Zutaten außer Nusskernen und Schokolade hinzufügen und alles mit Handrührgerät mit Rührbesen kurz auf niedrigster, dann auf höchster Stufe in 2 Minuten zu einem Teig verarbeiten. Anschließend Nusskerne und Schokolade unterheben.
3. Den Teig in eine Springform (Ø 20 cm, Boden gefettet) geben und glatt streichen. Die Form auf dem Rost in den Backofen schieben.

Ober-/Unterhitze: etwa 180 °C (vorgeheizt)
Heißluft: etwa 160 °C (vorgeheizt)
Gas: Stufe 2–3 (vorgeheizt)
Backzeit: etwa 60 Minuten.

4. Den Boden in der Form auf einen Kuchenrost stellen und erkalten lassen. Anschließend den Boden aus der Springform lösen.
5. Für die Creme Orangeat sehr fein hacken. Die Schokoladen-Crème-fraîche-Masse auf höchster Stufe mit Handrührgerät mit Rührbesen cremig aufschlagen und Orangeat untermischen. Den Boden rundherum damit bestreichen.
6. Zum Verzieren Schokolade in Stücke brechen und in einem kleinen Topf im Wasserbad bei schwacher Hitze geschmeidig rühren. Schokolade in ein Papiertütchen oder einen kleinen Gefrierbeutel geben, eine kleine Ecke abschneiden und die Torte damit verzieren. Walnusskerne in die noch feuchte Schokolade legen und die Schokolade fest werden lassen.

Tipp: Der Boden lässt sich gut einige Tage vorher backen und in Alufolie verpackt lagern; er schmeckt gut durchgezogen besonders gut.
Der Boden ist gefriergeeignet.
2–3 Tropfen Rum unterrühren, so dass die Schokolade dicklich wird. So lange weiterrühren, bis die Schokolade wieder glatt ist. So wird die Schokolade etwas dicklicher und lässt sich gut spritzen.

Torten

Schoko-Buttercreme-Torte

Klassisch

Zubereitungszeit: 60 Minuten, ohne Abkühlzeit
Backzeit: 25–30 Minuten

Zutaten:

Für den Biskuitteig:

4	Eier (Größe M)
3 EL	heißes Wasser
150 g	Zucker
1 Pck.	Dr. Oetker Vanillin-Zucker
100 g	Weizenmehl
25 g	Speisestärke
2 gestr. TL	Dr. Oetker Backin

Für die Buttercreme:

1 Pck.	Gala Schokoladen-Pudding-Pulver
75 g	Zucker
500 ml (½ l)	Milch
100 g	Edelbitter-Schokolade (72 % Kakao)
300 g	weiche Butter

Zum Garnieren:

geraspelte Edelbitter-Schokolade oder Schokoladenlocken

1. Für den Teig Eier und Wasser mit Handrührgerät mit Rührbesen auf höchster Stufe in 1 Minute schaumig schlagen. Zucker mit Vanillin-Zucker mischen, in 1 Minute einstreuen, dann noch 2 Minuten weiterschlagen.
2. Mehl mit Speisestärke und Backpulver mischen. Die Hälfte davon auf die Eiercreme sieben und kurz auf niedrigster Stufe unterrühren. Das restliche Mehlgemisch auf die gleiche Weise unterarbeiten. Den Teig in eine Springform (Ø 26 cm, Boden gefettet, mit Backpapier belegt) füllen und die Form auf dem Rost in den Backofen schieben.

Ober/Unterhitze: etwa 180 °C (vorgeheizt)
Heißluft: etwa 160 °C (vorgeheizt)
Gas: Stufe 2–3 (vorgeheizt)
Backzeit: 25–30 Minuten.

3. Den Boden aus der Form lösen, auf einen mit Backpapier belegten Kuchenrost stürzen und erkalten lassen. Anschließend mitgebackenes Backpapier abziehen und den Boden zweimal waagerecht durchschneiden.
4. Für die Buttercreme aus Pudding-Pulver, Zucker und Milch nach Packungsanleitung einen Pudding zubereiten. Schokolade in Stücke brechen und im heißen Pudding unter Rühren auflösen. Frischhaltefolie direkt auf die Puddingoberfläche legen und den Pudding erkalten lassen (nicht kalt stellen).
5. Butter mit Handrührgerät mit Rührbesen geschmeidig rühren und den erkalteten Pudding esslöffelweise darunter geben, dabei darauf achten, dass Butter und Pudding Zimmertemperatur haben, da die Creme sonst gerinnt.
6. Den unteren Tortenboden mit knapp einem Drittel der Buttercreme bestreichen. Den zweiten Boden darauf legen, mit knapp der Hälfte der restlichen Creme bestreichen und mit dem dritten Boden bedecken. Rand und Oberfläche der Torte gleichmäßig mit der restlichen Creme bestreichen.
7. Tortenrand und und den Rand der Tortenoberfläche mit Hilfe einer Gabel verzieren. Den Rand der Tortetortenoberfläche zusätzlich mit geraspelter Schokolade oder Schokoladenlocken garnieren.

Tipp: Bestreichen Sie den unteren Tortenboden mit 2–3 Esslöffeln Himbeerkonfitüre, bevor Sie die Buttercreme aufstreichen.

Tartes & Kuchen

Birne-Helene-Tarte

Beliebt

Zubereitungszeit: 45 Minuten, ohne Abkühlzeit
Backzeit: etwa 60 Minuten

Zutaten:

Für den Streuselteig:

225 g	Weizenmehl
100 g	Zucker
1 Pck.	Dr. Oetker Vanillin-Zucker
½ TL.	gemahlener Zimt
2	Eigelb (Größe M)
125 g	Butter oder Margarine

Für den Belag:

1 große Dose	Birnenhälften (Abtropfgewicht 460 g)
300 g	Schlagsahne
1 Pck.	backfeste Puddingcreme
2	Eiweiß (Größe M)
1 Prise	Salz

Für den Schokoguss:

175 g	Schlagsahne
1 Pck. (25 g)	Kakaogetränkepulver
1 gestr. EL	Kakaopulver
100 g	Vollmilch-Schokolade
100 g	Zartbitter-Schokolade

1. Für den Teig Mehl in eine Rührschüssel sieben. Restliche Zutaten hinzufügen und mit Handrührgerät mit Rührbesen zu Streuseln verarbeiten. Zwei Drittel der Streusel in einer Springform (Ø 26 cm, Boden gefettet) verteilen und zu einem Boden andrücken.
2. Restliche Streusel verkneten und zu einer Rolle formen. Rolle innen an den Rand der Springform legen und zu einem 2–3 cm hohen Rand andrücken.
3. Für den Belag Birnen zum Abtropfen in ein Sieb geben. Aus Sahne und backfester Puddingcreme nach Packungsanleitung eine Creme zubereiten. Eiweiß mit Salz steif schlagen und unter die Creme heben.
4. Die Creme auf den Tortenboden geben und glatt streichen. Die Birnen mit der Wölbung nach oben auf die Creme legen. Die Form auf dem Rost in den Backofen schieben.

Ober-/Unterhitze: etwa 180 °C (vorgeheizt)
Heißluft: etwa 160 °C (nicht vorgeheizt)
Gas: Stufe 2–3 (nicht vorgeheizt)
Backzeit: etwa 60 Minuten.

5. Die Tarte in der Backform etwa 1 Stunde zum Abkühlen auf einen Kuchenrost stellen.
6. Für den Schokoladenguss Sahne mit Kakaogetränkepulver und Kakao in einem Topf verrühren, erhitzen und von der Kochstelle nehmen. Die Schokoladen in Stücke brechen, unter Rühren darin auflösen und die Masse etwas abkühlen lassen. Den Schokoladenguss auf den Birnen verteilen. Die Tarte mindestens 3 Stunden kalt stellen. Beim Anschnitt soll der Guss etwas weich sein.

Tipp: Die Tarte nach Belieben mit gebräunten, gehobelten Mandeln bestreuen. Die Tarte ist mit Vanilleeis ideal als Dessert.

Tartes & Kuchen

Cassis-Schokoladen-Rolle

Beliebt

Zubereitungszeit: 40 Minuten
Backzeit: etwa 12 Minuten

Zutaten:

Für den Biskuitteig:

4	Eier (Größe M)
5 EL	heiße Milch
100 g	Zucker
75 g	Weizenmehl
1 Pck.	Gala Schokoladen-Pudding-Pulver
1 gestr. TL	Dr. Oetker Backin

Füllung I:

100 g	schwarze Johanissbeerkonfitüre
150 g	TK-Heidelbeeren
20 g	Speisestärke
1 EL	Wasser
1 TL	Zucker
100 ml	Cassis-Likör

Füllung II:

200 g	Zartbitter-Kuvertüre
400 g	Schlagsahne
1 TL	Zucker
2 Pck.	Dr. Oetker Sahnesteif

Zum Bestreuen:

geriebene oder geraspelte Vollmilch- oder Zartbitter-schokolade

1. Für den Teig Eier und Milch mit Handrührgerät mit Rührbesen auf höchster Stufe in 1 Minute schaumig schlagen. Zucker in 1 Minute einstreuen, dann noch 2 Minuten weiterschlagen.
2. Mehl mit Pudding-Pulver und Backpulver mischen, auf die Eiercreme sieben und kurz auf niedrigster Stufe unterrühren. Teig auf einem Backblech (30 x 40 cm, gefettet, mit Backpapier belegt) verteilen, glatt streichen und das Backblech in den Backofen schieben.

Ober-/Unterhitze: etwa 200 °C (vorgeheizt)
Heißluft: etwa 180 °C (vorgeheizt)
Gas: Stufe 3–4 (vorgeheizt)
Backzeit: etwa 12 Minuten.

3. Die Gebäckplatte auf ein mit Zucker bestreutes Backpapier stürzen und mitgebackenes Backpapier vorsichtig abziehen. Die Biskuitplatte mit dem Backpapier von der längeren Seite aus locker aufrollen und erkalten lassen.
4. Für die Füllung I Konfitüre in einem Topf erhitzen, Heidelbeeren dazugeben und kurz aufkochen lassen, bis die Beeren darin aufgetaut sind. Die Fruchtmasse von der Kochstelle nehmen. Speisestärke mit Wasser und Zucker anrühren, in die Fruchtmasse rühren und diese wieder unter Rühren zum Kochen bringen. Fruchtmasse von der Kochstelle nehmen, 2 Esslöffel von dem Cassis-Likör unterrühren und erkalten lassen.
5. Für die Füllung II Kuvertüre grob hacken, in einem Topf im Wasserbad bei schwacher Hitze geschmeidig rühren und gut abkühlen lassen. Sahne mit Zucker und Sahnesteif steif schlagen. Die abgekühlte, noch flüssige Kuvertüre dazugeben und unterrühren.
6. Die Gebäckplatte vorsichtig auseinander rollen und mit dem restlichen Cassis-Likör beträufeln. Fruchtmasse auf der Biskuitplatte verteilen und verstreichen. Zwei Drittel der Schokoladensahne darauf verteilen, verstreichen und die Platte vorsichtig aufrollen. Die Rolle kurz kalt stellen.
7. Die Oberfläche der Rolle mit der restlichen Schokoladensahne bestreichen und mit einer Gabel oder einem Tortengarnierkamm ein Muster ziehen. Die Rolle mit geriebener oder geraspelter Schokolade bestreuen. Die Rolle 1–2 Stunden kalt stellen.

Tipp: Schöne Schokoladenraspel erhalten Sie, indem Sie die Raspel bei Zimmertemperatur mit einem Sparschäler von der Schokolade abraspeln. Die Schokolade darf nicht kalt sein.

Tartes & Kuchen

Mousse-au-Chocolat-Tarte

Raffiniert – Gut vorzubereiten

Zubereitungszeit: 25 Minuten, ohne Abkühlzeit
Backzeit: etwa 35 Minuten

Zutaten:

Für den Teig:

200 g	Zartbitter-Schokolade
150 g	Butter
5	Eiweiß (Größe M)
1 Prise	Salz
5	Eigelb (Größe M)
100 g	Zucker
1 Pck.	Dr. Oetker Bourbon-Vanille-Zucker
100 g	abgezogene, gemahlene Mandeln
1 Pck.	Gala Schokoladen-Pudding-Pulver
1 Msp.	Dr. Oetker Backin

Zum Servieren:

1 EL	Kakaopulver
evtl. 200 g	Schlagsahne

1. Für den Teig Schokolade in Stücke brechen und mit der Butter in einem Topf bei schwacher Hitze auflösen. Schoko-Butter-Masse beiseite stellen und abkühlen lassen. Eiweiß mit Salz so steif schlagen, dass ein Messerschnitt sichtbar bleibt.
2. In einer anderen Schüssel Eigelb mit Zucker und Vanille-Zucker mit Handrührgerät mit Rührbesen weißschaumig rühren und die Schoko-Butter-Masse unterrühren. Eischnee unterheben. Mandeln mit Pudding-Pulver und Backpulver mischen und ebenfalls unterheben.
3. Den Teig in eine Springform (Ø 26 cm, Boden gefettet, mit Backpapier belegt) füllen und die Form auf dem Rost in den Backofen schieben.

Ober-/Unterhitze: etwa 180 °C (vorgeheizt)
Heißluft: etwa 160 °C (nicht vorgeheizt)
Gas: Stufe 2–3 (nicht vorgeheizt)
Backzeit: etwa 35 Minuten.

4. Die Tarte etwa 1 Stunde in der Form abkühlen lassen, dann den Springformrand lösen und entfernen. Die Tarte auf einen Kuchenrost setzen und völlig erkalten lassen.
5. Die Tarte bis zum Servieren in Alufolie verpackt kalt stellen. Vor dem Servieren die Tarte mit Kakaopulver bestäuben und nach Belieben mit steif geschlagener Sahne servieren.

Tipp: Die Mousse-au-Chocolat-Tarte schmeckt weniger herb, wenn Sie die Hälfte der Zartbitter-Schokolade durch Vollmilch-Schokolade ersetzen.

Tartes & Kuchen

Schoko-Kirsch-Napfkuchen

Beliebt

Zubereitungszeit: 25 Minuten, ohne Abkühlzeit
Backzeit: etwa 75 Minuten

Zutaten:

Für den All-in-Teig:

1 Glas	Sauerkirschen (Abtropfgewicht 350 g)
200 g	Weizenmehl
2 Pck.	Dr. Oetker Pudding-Pulver Schokoladen-Geschmack
1 Pck.	Dr. Oetker Backin
125 g	Zucker
1 Pck.	Dr. Oetker Bourbon-Vanille-Zucker
5	Eier (Größe M)
150 ml	Speiseöl
125 ml (1/8 l)	Buttermilch
100 g	Raspelschokolade

Zum Bestäuben:

Puderzucker

1. Für den Teig Sauerkirschen in einem Sieb gut abtropfen lassen. Mehl mit Pudding-Pulver und Backpulver mischen und in eine Rührschüssel sieben. Zucker, Vanillin-Zucker, Eier, Speiseöl und Buttermilch hinzufügen. Die Zutaten in 2 Minuten mit Handrührgerät mit Rührbesen auf höchster Stufe zu einem glatten Teig verarbeiten.
2. Raspelschokolade und Sauerkirschen vorsichtig unterheben. Den Teig in eine Gugelhupfform (Ø 22 cm, gefettet, gemehlt) füllen. Die Form auf dem Rost in den Backofen schieben.

Ober-/Unterhitze: etwa 180 °C (vorgeheizt)
Heißluft: etwa 160 °C (nicht vorgeheizt)
Gas: Stufe 2–3 (nicht vorgeheizt)
Backzeit: etwa 75 Minuten.

3. Den Kuchen nach dem Backen 10 Minuten in der Form stehen lassen, dann aus der Form lösen, auf einen Kuchenrost stürzen und erkalten lassen. Vor dem Servieren den Kuchen mit Puderzucker bestäuben.

Tipp: Den Kuchen mit 100 g aufgelöster Zartbitter-Schokolade überziehen, so dass der Guss in dicken „Nasen“ herunterläuft.
Der Kuchen schmeckt auch mit einem Kirschsaft-Puderzucker-Guss aus 150 g Puderzucker und etwa 2 Esslöffeln Kirschsaft.

Tartes & Kuchen

Kaffeebohnenkuchen

Beliebt

Zubereitungszeit: 35 Minuten
Backzeit: etwa 35 Minuten

Zutaten:

Für den Rührteig:

250 g	Butter oder Margarine
175 g	brauner Zucker
1 Pck.	Dr. Oetker Bourbon-Vanille-Zucker
4	Eier (Größe M)
200 g	Weizenmehl
25 g	Speisestärke
1 gestr. TL	Dr. Oetker Backin
75 ml	Milch oder Sahne

Für den Teig I:

100 g	dragierte Kaffeebohnen (geröstete Kaffeebohnen mit Schokoladenhülle)
50 g	Vollmilch-Schokolade
2 EL	gesiebtes Kakaopulver
1 Msp.	gemahlener Zimt

Für den Teig II:

50 g	abgezogene, gemahlene Mandeln
1 EL	Rum

Für Guss und Garnierung:

150 g	Vollmilch-Schokolade
1 TL	Speiseöl
50 g	dragierte Kaffeebohnen
1–2 TL	Kakaopulver

1. Für den Teig Butter oder Margarine mit Handrührgerät mit Rührbesen auf höchster Stufe geschmeidig rühren. Nach und nach Zucker und Vanille-Zucker unterrühren. So lange rühren, bis eine gebundene Masse entstanden ist.
2. Eier nach und nach unterrühren (jedes Ei etwa ½ Minute). Mehl mit Speisestärke und Backpulver mischen, sieben und in 2 Portionen abwechselnd mit Milch oder Sahne auf mittlerer Stufe unterrühren.
3. Zwei Drittel des Teiges abnehmen und die in kleine Stücke gehackten Kaffeebohnen, fein gehackte Schokolade, Kakao und Zimt unterrühren. Unter das letzte Teigdrittel Mandeln und Rum unterrühren. Die beiden Teige im Wechsel esslöffelweise in eine Springform (Ø 26 cm, Boden gefettet) füllen und vorsichtig glatt streichen.

Ober-/Unterhitze: etwa 180 °C (vorgeheizt)
Heißluft: etwa 160 °C (nicht vorgeheizt)
Gas: Stufe 2–3 (nicht vorgeheizt)
Backzeit: etwa 35 Minuten.

4. Den Kuchen aus der Form lösen und auf einem mit Backpapier belegten Kuchenrost erkalten lassen.
5. Für den Guss Schokolade in Stücke brechen, mit dem Speiseöl in einem kleinen Topf im Wasserbad bei schwacher Hitze geschmeidig rühren und den Kuchen damit überziehen.
6. Zum Garnieren die Kaffeebohnen in grobe Stücke hacken und in die Mitte der Torte in den noch feuchten Guss streuen und den Guss fest werden lassen. Die Tortenoberfläche rund um die Kaffeebohnen mit Kakaopulver bestäuben.

Tipp: Der Kuchen kann auch in einer eckigen Springform (24 x 24 cm) gebacken werden.
Dragierte Kaffeebohnen bekommen Sie in Kaffeegeschäften, in Süßwarenfachgeschäften und in Coffee-Shops.

Tartes & Kuchen

Kokos-Minz-Kuchen

Beliebt

Zubereitungszeit: 45 Minuten, ohne Kühlzeit
Backzeit: etwa 60 Minuten

Zutaten:

Für den Rührteig:

100 g	Pfefferminz-Schokolade
50 g	Edelbitter-Schokolade (60 % Kakao)
175 g	Butter oder Margarine
175 g	Zucker
4	Eier (Größe M)
250 g	Weizenmehl
25 g	Speisestärke
2½ gestr. TL	Dr. Oetker Backin
1 kleine Dose (160 ml)	Kokosmilch, cremig
100 g	Kokosraspel

Zum Bestreichen und Bestreuen:

100 g	Zartbitter-Kuvertüre
200 g	weiche Butter
150 g	Puderzucker
25 g	Kokos-Chips

1. Für den Teig die Pfefferminz-Schokolade in kleine Würfel schneiden und kalt stellen. Edelbitter-Schokolade in Stücke brechen, in einem kleinen Topf im Wasserbad geschmeidig rühren und etwas abkühlen lassen.
2. Butter oder Margarine mit Handrührgerät mit Rührbesen auf höchster Stufe geschmeidig rühren. Nach und nach Zucker unterrühren. So lange rühren, bis eine gebundene Masse entstanden ist.
3. Eier nach und nach unterrühren (jedes Ei etwa ½ Minute). Mehl mit Speisestärke und Backpulver mischen, sieben und in 2 Portionen auf mittlerer Stufe unterrühren. Dann Kokosmilch kurz unterrühren.
4. Den Teig halbieren. Unter eine Hälfte die Kokosraspel heben. Den Teig in eine Kastenform (30 x 11 cm, gefettet, gemehlt) geben und glatt streichen. Unter den restlichen Teig die aufgelöste Schokolade und Pfefferminz-Schokostückchen rühren.
5. Den Teig auf den hellen Teig geben, glatt streichen und mit einer Gabel spiralförmig leicht durch die untere Teigschicht ziehen. Die Form auf dem Rost in den Backofen schieben.

Ober-/Unterhitze: etwa 180 °C (vorgeheizt)
Heißluft: etwa 160 °C (nicht vorgeheizt)
Gas: Stufe 2–3 (nicht vorgeheizt)
Backzeit: etwa 60 Minuten.

6. Den Kuchen 10 Minuten in der Form stehen lassen, dann aus der Form lösen und auf einem mit Backpapier belegten Kuchenrost erkalten lassen.
7. Zum Bestreichen Kuvertüre grob hacken, in einem Topf im Wasserbad bei schwacher Hitze geschmeidig rühren und abkühlen lassen. Butter mit Puderzucker schaumig schlagen und Kuvertüre unterrühren. Die Masse kurz kalt stellen.
8. Den Kuchen rundherum mit der Masse bestreichen und mit Kokos-Chips bestreuen.

Tipp: Rühren Sie zusätzlich 2 Esslöffel Kokoslikör unter den Kokosteig.
Der Kuchen kann auch ohne Marmorierung gebacken werden.
Der Kuchen kann nur mit Schokolade überzogen werden. Dann benötigt man 150 g Edelbitter-Schokolade und 2 Teelöffel Speiseöl.

Tartes & Kuchen

Schoko-Ingwer-Kuchen

Saftig

Zubereitungszeit: 60 Minuten, ohne Durchzieh- und Abkühlzeit
Backzeit: etwa 60 Minuten

Zutaten:

Zum Vorbereiten:

200 g	kandierter Ingwer
100 g	Rosinen
3 EL	Rum

Für den Rührteig:

200 g	Marzipan-Rohmasse
250 g	weiche Butter oder Margarine
200 g	Zucker
1 Pck.	Dr. Oetker Vanillin-Zucker
1 Prise	Salz
1 EL	gemahlener Zimt
4	Eier (Größe M)
150 g	Weizenmehl
3 gestr. TL	Dr. Oetker Backin
40–50 g	Kakaopulver
70 ml	Rum

Für die Form:

50 g	gehackte Haselnusskerne

Für Guss und Garnierung:

3 EL	Aprikosenkonfitüre
3 leicht geh. EL	Puderzucker
etwa 1 EL	Rum
	gehackte Haselnusskerne
	einige Rosinen
	kandierter Ingwer

1. Zum Vorbereiten Ingwer fein würfeln und mit Rosinen etwa 20 Minuten in Rum einlegen, dabei gelegentlich umrühren.
2. Für den Teig Marzipan sehr klein schneiden. Butter oder Margarine mit Marzipan in einer Rührschüssel mit Handrührgerät mit Rührbesen geschmeidig rühren. Nach und nach Zucker, Vanillin-Zucker, Salz und Zimt unter Rühren hinzufügen. So lange rühren, bis eine gebundene Masse entstanden ist. Eier nach und nach unterrühren (jedes Ei etwa ½ Minute).
3. Mehl mit Backpulver und Kakao mischen, sieben und in 2 Portionen abwechselnd mit dem Rum kurz auf mittlerer Stufe unterrühren. Zuletzt die eingelegten Früchte unterheben. Den Teig vorsichtig in eine Springform (Ø 26 cm, Boden gefettet, mit Haselnusskernen ausgestreut) füllen, glatt streichen und die Form auf dem Rost in den Backofen schieben.

Ober-/Unterhitze: etwa 170 °C (vorgeheizt)
Heißluft: etwa 150 °C (nicht vorgeheizt)
Gas: etwa Stufe 2 (nicht vorgeheizt)
Backzeit: etwa 60 Minuten.

4. Den Kuchen 10 Minuten in der Form stehen lassen, dann aus der Form lösen, auf einen mit Backpapier belegten Kuchenrost stürzen und erkalten lassen.
5. Für Guss und Garnierung Konfitüre durch ein Sieb streichen, kurz in einem Topf aufkochen lassen und den Kuchen damit bestreichen. Puderzucker sieben und mit so viel Rum verrühren, dass ein dickflüssiger Guss entsteht. Guss teelöffelweise in Klecksen auf dem Kuchen verteilen und den Kuchen mit Haselnusskernen, Rosinen und in Streifen geschnittenem Ingwer garnieren.

Tipp: Der Boden eignet sich sehr gut zum Einfrieren. Ihn dann erst nach dem Auftauen mit Konfitüre bestreichen und garnieren.

Tartes & Kuchen

Punschkranz

Mit Alkohol

Zubereitungszeit: 45 Minuten
Backzeit: 35–40 Minuten

Zutaten:

Für den Rührteig:

100 g	Butter oder Margarine
150 g	Zucker
1 Pck.	Dr. Oetker Bourbon-Vanille-Zucker
3	Eier (Größe M)
100 g	Weizenmehl
10 g	Kakaopulver
2 gestr. TL	Dr. Oetker Backin
2 EL	Rotwein
50 g	abgezogene, gemahlene Mandeln
100 g	geriebene Vollmilch- oder Zartbitter-Schokolade

Für die Füllung:

125 ml (⅛ l)	Rotwein
Schale von 1	Bio-Orange (unbehandelt, ungewachst)
1 EL	Orangensaft
40 g	Zucker
1 Msp.	gemahlener Zimt
1 Msp.	gemahlene Nelken
175 g	Zartbitter-Schokolade
100 g	Marzipan-Rohmasse
2–3 EL	Orangensaft

Für Guss und Garnierung:

100 g	Zartbitter-Schokolade
125 g	Aprikosenkonfitüre
1 TL	Zucker
1 EL	Wasser
125 g	Puderzucker
2–3 EL	Rotwein

1. Für den Teig Butter oder Margarine mit Handrührgerät mit Rührbesen auf höchster Stufe geschmeidig rühren. Nach und nach Zucker und Vanille-Zucker unterrühren. So lange rühren, bis eine gebundene Masse entstanden ist.
2. Eier nach und nach unterrühren (jedes Ei etwa ½ Minute). Mehl mit Kakaopulver und Backpulver mischen, sieben und abwechselnd mit dem Wein in 2 Portionen auf mittlerer Stufe unterrühren. Zuletzt kurz Mandeln und geriebene Schokolade unterrühren.
3. Den Teig in eine Kranzform (Ø 20 cm, gefettet, gemehlt) geben, glatt streichen und die Form auf dem Rost in den Backofen schieben.

Ober-/Unterhitze: etwa 180 °C (vorgeheizt)
Heißluft: etwa 160 °C (nicht vorgeheizt)
Gas: Stufe 2–3 (nicht vorgeheizt)
Backzeit: 35–40 Minuten.

4. Den Kranz etwa 5 Minuten in der Form stehen lassen, dann auf einen mit Backpapier belegten Kuchenrost stürzen und erkalten lassen. Anschließend den Kranz dreimal waagerecht durchschneiden.
5. Für den Belag Rotwein mit Orangenschale, Zucker und Gewürzen in einem Topf zum Kochen bringen. Topf von der Kochstelle nehmen, 1 Esslöffel Saft und in Stücke gebrochene Schokolade hinzugeben und die Schokolade darin unter Rühren auflösen. Den zweiten Gebäckring von unten fein zerbröseln. Brösel unter die Schokomasse heben und die Masse etwas erkalten lassen.
6. Den unteren Gebäckring auf eine Tortenplatte legen. Marzipan klein schneiden, mit Handrührgerät mit Rührbesen mit 2–3 Esslöffeln Orangensaft verrühren, bis eine geschmeidige Masse entstanden ist. Die Masse auf den Gebäckring streichen. Die Hälfte der Schokomasse auf der Marzipanmasse verteilen und gut verstreichen.
7. Den mittleren (dritten) Gebäckring darauf legen und gut andrücken. Die restliche Schokomasse darauf verteilen und verstreichen. Den oberen Gebäckring darauf legen und gut andrücken. Den Kranz etwa 2 Stunden kalt stellen.
8. Für Guss und Garnierung Schokolade in Stücke brechen und in einem Topf im Wasserbad geschmeidig rühren. Zwei Drittel der Schokolade mit Hilfe eines Teelöffels als Tropfen auf Backpapier geben und fest werden lassen. Restliche Kuvertüre beiseite stellen.
9. Konfitüre durch ein Sieb streichen und mit Zucker und Wasser in einem Topf gut aufkochen lassen. Den Kranz mit Hilfe eines Pinsels mit der heißen Konfitüre bestreichen. Puderzucker mit Rotwein zu einer dickflüssigen Masse verrühren. Den Kranz damit überziehen.
10. Restliche flüssige Schokolade über den noch feuchten Guss sprenkeln und den Kranz mit den Schokotropfen garnieren.

Tipp: Der Punschkranz kann gut vorbereitet und dann gut verpackt 1–2 Tage an einem kühlen Ort gelagert werden. Er schmeckt durchgezogen besonders gut.

Tartes & Kuchen

Saftiger Schokoladenkuchen

Beliebt

Zubereitungszeit: 35 Minuten, ohne Abkühlzeit
Backzeit: etwa 60 Minuten

Zutaten:

Für den Rührteig:

150 g	Vollmilch- oder Zartbitter-Schokolade
4	Eiweiß (Größe M)
250 g	Butter oder Margarine
200 g	Zucker
1 Pck.	Dr. Oetker Vanillin-Zucker
1 Prise	Salz
4	Eigelb (Größe M)
200 g	Weizenmehl
30 g	Speisestärke
30 g	Kakaopulver
3 gestr. TL	Dr. Oetker Backin
3–4 EL	Rum oder Milch

Für den Guss:

150 g	Vollmilch- oder Zartbitter-Schokolade
1 EL	Speiseöl

1. Für den Teig Schokolade in kleine Stücke hacken. Eiweiß so steif schlagen, dass ein Messerschnitt sichtbar bleibt. Butter oder Margarine in einer Rührschüssel mit Handrührgerät mit Rührbesen auf höchster Stufe geschmeidig rühren. Nach und nach Zucker, Vanillin-Zucker und Salz unterrühren. So lange rühren, bis eine gebundene Masse entstanden ist. Eigelb nach und nach unterrühren.
2. Mehl mit Speisestärke, Kakao und Backpulver sieben und abwechselnd mit Rum oder Milch in 2 Portionen auf mittlerer Stufe unterrühren. Zuletzt das Eiweiß und die gehackte Schokolade unterheben. Den Teig in eine Kastenform (30 x 11 cm, gefettet, gemehlt) füllen und glatt streichen. Die Form auf dem Rost in den Backofen schieben.

Ober-/Unterhitze: etwa 180 °C (vorgeheizt)
Heißluft: etwa 160 °C (nicht vorgeheizt)
Gas: Stufe 2–3 (nicht vorgeheizt)
Backzeit: etwa 60 Minuten (nach 15 Minuten den Kuchen mit einem spitzen Messer der Länge nach etwa 1 cm tief einschneiden).

3. Nach dem Backen den Kuchen 10 Minuten in der Form stehen lassen, dann aus der Form lösen und auf einem Kuchenrost erkalten lassen.
4. Für den Guss Schokolade in Stücke brechen, mit Öl in einem kleinen Topf im Wasserbad bei schwacher Hitze geschmeidig rühren, etwas abkühlen lassen und den erkalteten Kuchen damit überziehen. Den Guss fest werden lassen.

Tipp: Der Kuchen ist ohne Guss gefriergeeignet.
Verwenden Sie für den Teig und den Guss statt Vollmilch- oder Zartbitter-Schokolade Kaffee- oder Cappuccino-Sahne-Schokolade.
Noch saftiger schmeckt der Kuchen, wenn er sofort nach dem Backen aprikotiert wird. Dafür etwa 4 Esslöffel Aprikosenkonfitüre durch ein Sieb streichen und mit 1 Esslöffel Wasser in einem Topf unter Rühren aufkochen lassen. Das heiße Gebäck sofort damit bestreichen, erkalten lassen und anschließend mit dem Guss überziehen.
Sie können zusätzlich noch 50 g verschiedene Nusskerne grob hacken, mit dem Mehl mischen und unterheben.

Tartes & Kuchen

Schokoladen-Nuss-Tarte

Beliebt

Zubereitungszeit: 40 Minuten
Backzeit: 55–60 Minuten

Zutaten:

Für den Knetteig:

50 g	Marzipan
1	Eigelb (Größe M)
175 g	Weizenmehl
50 g	Puderzucker
1 Prise	Salz
1 Pck.	Dr. Oetker Vanillin-Zucker
125 g	Butter

Zum Blindbacken:

500 g	Hülsenfrüchte, z. B. Linsen, Erbsen

Für den Belag:

100 g	Vollmilch-Schokolade mit ganzen Nüssen
100 g	Halbbitter-Schokolade mit ganzen Nüssen
100 g	Butter
4	Eier (Größe M)
1	Eiweiß (Größe M)
75 g	Zucker
1 Pck.	Dr. Oetker Finesse Jamaica-Rum-Aroma
1 Becher (125 g)	Crème double
100 g	Löffelbiskuits

Zum Bestäuben:

Puderzucker

1. Für den Teig Marzipan in sehr kleine Stücke schneiden, mit dem Eigelb in eine Schüssel geben und mit Handrührgerät mit Rührbesen glatt rühren. Mehl mit Puderzucker mischen und in die Schüssel sieben. Salz, Vanillin-Zucker und Butter in Stückchen hinzufügen und alles mit Handrührgerät mit Knethaken zu einem Teig verarbeiten.
2. Den Teig zu einer Platte (Ø 32 cm) ausrollen und in eine Tarteform (Ø 28 cm, gefettet, gemehlt) legen. Teig darin andrücken und den Boden mehrmals mit einer Gabel einstechen. Den Teig mit Backpapier belegen, mit Hülsenfrüchten beschweren und im unteren Drittel des Backofens vorbacken.

Ober-/Unterhitze: etwa 180 °C (vorgeheizt)
Heißluft: etwa 160 °C (vorgeheizt)
Gas: Stufe 2–3 (vorgeheizt)
Backzeit: etwa 20 Minuten (nach 15 Minuten Hülsenfrüchte mit Backpapier entfernen und den Boden weiter vorbacken).

3. Den vorgebackenen Boden mit der Form auf einen Kuchenrost stellen und den Boden abkühlen lassen.
4. Für den Belag Schokolade in Stücke brechen und die Nüsse darin mit einem Messer in grobe Stücke hacken. Nuss-Schokostücke mit Butter in einem Topf im Wasserbad auflösen und etwas erkalten lassen.
5. Eier und Eiweiß in eine Schüssel geben und mit einem Handrührgerät mit Schneebesen 1 Minute schaumig schlagen, den Zucker in 1 Minute einstreuen und 2 Minuten weiter schlagen. Aroma, flüssige Schokolade und Crème double kurz unterrühren.
6. Die Löffelbiskuits in Stücke brechen oder schneiden und unter die Schokoladenmasse heben. Alles auf den vorgebackenen Boden geben und verteilen. Die Form auf dem Rost in den Backofen (unteres Drittel) schieben und die Tarte **bei gleicher Backofeneinstellung in 35–40 Minuten fertig backen**.
7. Die Form auf einen Kuchenrost stellen und die Tarte darin erkalten lassen. Nach Belieben die Tarte vor dem Servieren mit Puderzucker bestäuben.

Tipp: Statt zur Hälfte Vollmilch- und Zartbitter-Schokolade können Sie auch nur Vollmilch- oder nur Zartbitter-Schokolade verwenden.

Tartes & Kuchen

Brownie-Gugelhupf

Beliebt

Zubereitungszeit: 25 Minuten, ohne Abkühlzeit
Backzeit: etwa 60 Minuten

Zutaten:

Für den Rührteig:

100 g	Zartbitter-Schokolade
125 g	Macadamianusskerne (geröstet und leicht gesalzen)
100 g	Studentenfutter (Nuss- und Rosinenmischung)
200 g	Butter oder Margarine
75 g	Zucker
75	brauner Zucker
1 Pck.	Dr. Oetker Bourbon-Vanille-Zucker
4	Eier (Größe M)
200 g	Weizenmehl
3 gestr. TL	Dr. Oetker Backin
75 g	Kakaogetränkepulver
200 g	Schokoladen-Pudding (aus dem Kühlregal)

Für Guss und Garnierung:

150 g	Blockschokolade
1 EL	Speiseöl
	nach Belieben einige Macadamianusskerne und etwas Studentenfutter

1. Für den Teig Schokolade in einem Topf im Wasserbad bei schwacher Hitze geschmeidig rühren und abkühlen lassen. Macadamianusskerne und Studentenfutter grob hacken. Butter oder Margarine mit Handrührgerät mit Rührbesen auf höchster Stufe geschmeidig rühren. Nach und nach Zucker, braunen Zucker und Vanille-Zucker unterrühren. So lange rühren, bis eine gebundene Masse entstanden ist.
2. Eier nach und nach unterrühren (jedes Ei etwa ½ Minute). Mehl mit Backpulver mischen, sieben und portionsweise auf mittlerer Stufe unterrühren. Anschließend Kakaogetränkepulver, Pudding und die aufgelöste Schokolade unterrühren, dann kurz die Nusskerne unterheben. Den Teig in eine Gugelhupf- oder Napfkuchenform (Ø 22–24 cm, gefettet, gemehlt) füllen und die Form auf dem Rost in den Backofen schieben.

Ober-/Unterhitze: etwa 180 °C (vorgeheizt)
Heißluft: etwa 160 °C (nicht vorgeheizt)
Gas: Stufe 2–3 (nicht vorgeheizt)
Backzeit: etwa 60 Minuten.

3. Den Kuchen etwa 10 Minuten in der Form stehen lassen, dann auf einen mit Backpapier belegten Kuchenrost stürzen und erkalten lassen.
4. Für den Guss Schokolade fein hacken und mit dem Öl in einem Topf im Wasserbad bei schwacher Hitze geschmeidig rühren. Den Kuchen damit überziehen und nach Belieben mit Macadamianusskernen oder Studentenfutter garnieren. Den Guss fest werden lassen.

Tipp: Der Napfkuchen kann, gut verpackt und kühl gestellt, mehrere Tage aufbewahrt werden.
Anstelle von Blockschokolade können Sie für den Guss auch Zartbitter-Schokolade verwenden.

Tartes & Kuchen

Mexikanische Schokoladentorte

Beliebt

Zubereitungszeit: 40 Minuten, ohne Kühlzeit
Backzeit: 15–20 Minuten

Zutaten:

Zum Vorbereiten für den Belag:

300 g	Schlagsahne
2 EL	flüssiger Honig
250 g	Edelbitter-Schokolade (60 % Kakao)

Für den Knetteig:

150 g	Weizenmehl
20 g	Kakaopulver
1–2 Msp.	Dr. Oetker Backin
1 Msp.	gemahlener Zimt
1 Msp.	gemahlene Nelken
65 g	brauner Zucker (Kandisfarin)
1 Pck.	Dr. Oetker Vanillin-Zucker
1 Prise	Salz
100 g	weiche Butter oder Margarine

Für den Rand:

1 gestr. EL	Weizenmehl

Zum Bestäuben:

	Kakaopulver

1. Zum Vorbereiten Sahne und Honig in einem Topf unter Rühren zum Kochen bringen. Topf von der Kochstelle nehmen. Schokolade in kleine Stücke brechen und unter Rühren in der Sahne schmelzen lassen. Schokoladensahne kalt stellen.
2. Für den Teig Mehl mit Kakao, Backpulver, Zimt und Nelken mischen und in eine Rührschüssel sieben. Restliche Zutaten hinzufügen und mit Handrührgerät mit Rührbesen auf höchster Stufe gut durcharbeiten. Anschließend den Teig auf einer leicht bemehlten Arbeitsfläche kurz verkneten.
3. Etwa zwei Drittel des Teiges auf dem Boden einer Springform (Ø 26 cm, gefettet) ausrollen und mehrmals mit einer Gabel einstechen. Den Springformrand darumstellen.
4. Restlichen Teig mit 1 Esslöffel Mehl verkneten und zu einer langen Rolle formen. Diese als Rand auf den Teigboden legen und so an die Form drücken, dass ein etwa 2 cm hoher Rand entsteht. Die Form etwa 1 Stunde kalt stellen. Dann die Form auf dem Rost in den Backofen schieben.

Ober-/Unterhitze: etwa 200 °C (vorgeheizt)
Heißluft: etwa 180 °C (vorgeheizt)
Gas: Stufe 3–4 (vorgeheizt)
Backzeit: etwa 15–20 Minuten.

5. Die Form auf einen Kuchenrost stellen. Den Gebäckboden vom Springformrand und -boden lösen, aber darauf auf dem Kuchenrost erkalten lassen. Dann Springformrand wieder darumlegen.
6. Sobald die Schokoladensahne beginnt dickflüssig zu werden, sie auf den Gebäckboden geben und glatt streichen. Torte etwa 3 Stunden kalt stellen, dann vorsichtig mit einem Messer aus der Form lösen.
7. Zum Bestäuben ein Kuchengitter auf die Tortenoberfläche legen und mit Kakao bestäuben. Kuchengitter vorsichtig abnehmen.

Tipp: Zum Garnieren die Torte zuerst dünn mit Puderzucker bestäuben, dann aus festem Papier kleine Kakteen oder eine Sonne ausschneiden und die Schablonen auf den Puderzucker legen. Danach die gesamte weiße Fläche mit Kakao bestäuben. Papierschablonen vorsichtig abnehmen.

Blechkuchen

Lumumba-Schnitten

Beliebt

Zubereitungszeit: 35 Minuten, ohne Kühlzeit
Backzeit: etwa 25 Minuten

Zutaten:

Für den Rührteig:

200 g	Butter oder Margarine
150 g	Zucker
1 Pck.	Dr. Oetker Vanillin-Zucker
1 Prise	Salz
4	Eier (Größe M)
300 g	Weizenmehl
25 g	Kakaopulver
4 gestr. TL	Dr. Oetker Backin
300 g	Schoko-Sahne-Pudding (aus dem Kühlregal)
100 g	Zartbitter-Raspelschokolade

Zum Bestreichen:

2 EL	Rum

Für den Belag:

10 Blatt	weiße Gelatine
75 g	Zucker
30 g	Kakaopulver
400 ml	Milch
75 ml	Rum
500 g	Schlagsahne

Zum Bestreuen:

100 g	Edelbitter-Schokolade

1. Für den Teig Butter oder Margarine mit Handrührgerät mit Rührbesen auf höchster Stufe geschmeidig rühren. Nach und nach Zucker, Vanillin-Zucker und Salz unterrühren. So lange rühren, bis eine gebundene Masse entstanden ist.
2. Eier nach und nach unterrühren (jedes Ei etwa ½ Minute). Mehl mit Kakaopulver und Backpulver mischen, sieben und in 2 Portionen auf mittlerer Stufe unterrühren. Zuletzt Pudding und Raspelschokolade kurz unterrühren.
3. Den Teig auf einem Backblech (30 x 40 cm, gefettet, bemehlt) verteilen und verstreichen. Das Backblech in den Backofen schieben.

Ober-/Unterhitze: etwa 180 °C (vorgeheizt)
Heißluft: etwa 160 °C (nicht vorgeheizt)
Gas: Stufe 2–3 (nicht vorgeheizt)
Backzeit: etwa 25 Minuten.

4. Das Backblech auf einen Kuchenrost stellen und die Gebäckplatte darauf erkalten lassen. Anschließend die Platte mit Rum bestreichen und einen Backrahmen darumstellen.
5. Für den Belag Gelatine nach Packungsanleitung einweichen. Zucker mit Kakao in einem Topf mischen, nach und nach die Milch mit einem Schneebesen unterrühren. Milchmischung zum Kochen bringen, in eine Rührschüssel geben, leicht ausgedrückte Gelatine unter Rühren darin auflösen und die Flüssigkeit abkühlen lassen. Dann Rum unterrühren und die Mischung ½–1 Stunde kalt stellen.
6. Wenn die Mischung beginnt dicklich zu werden, Sahne steif schlagen und unterheben. Die Schokosahne auf den Boden verteilen und glatt streichen.
7. Zum Bestreuen die Schokolade mit einem Sparschäler oder einer Küchenreibe raspeln. Die Oberfläche dick damit bestreuen. Den Kuchen 2–3 Stunden kalt stellen.

Tipp: Zum Bestreuen können Sie statt Edelbitter-Schokolade auch fertige Zartbitter-Raspelschokolade verwenden.
Wer es fruchtiger mag, kann eine Dose Aprikosen (Abtropfgewicht 480 g) gut abtropfen lassen, Aprikosen in kleine Stücke schneiden und vor der Schokosahne auf dem Boden verteilen.
Noch raffinierter sieht die Dekoration aus, wenn Sie Schokoladenlocken zubereiten. Dazu Schokolade auflösen, dünn auf ein Stück Backpapier streichen und fest werden lassen, aber nicht kalt stellen. Dann mit einem Spachtel breite Schokolocken schieben und diese vorsichtig mit Hilfe von zwei Gabeln auf die Schnitten legen (Foto).

Blechkuchen

Weiße Limetten-Schoko-Schnitten

Beliebt

Zubereitungszeit: 45 Minuten
Backzeit: etwa 25 Minuten

Zutaten:

Zum Vorbereiten:

2	Bio-Limetten (unbehandelt, ungewachst)
4 EL	Limettensaft
100 g	Zucker
150 g	weiße Schokolade

Für den Rührteig:

200 g	Butter oder Margarine
100 g	Zucker
1 Pck.	Dr. Oetker Vanillin-Zucker
5	Eier (Größe M)
200 g	Weizenmehl
75 g	Speisestärke
2½ gestr. TL	Dr. Oetker Backin

Für den Guss:

350 g	weiße Schokolade
200 g	Schlagsahne
150 g	Butter
2	Bio Limetten (unbehandelt, ungewachst)

Zum Garnieren:

einige	frische Himbeeren
50 g	weiße Schokolade

1. Zum Vorbereiten Limetten heiß abwaschen, dünn schälen und die Schale in feine Streifen schneiden (oder Schale mit einem Zestenreißer dünn abschälen).
2. Limetten entsaften und Saft mit Zucker und Schale in einem Topf zum Kochen bringen. Alles bei schwacher Hitze 2–3 Minuten köcheln lassen und von der Kochstelle nehmen. Schokolade in Stücke brechen und unter Rühren in der heißen Limetten-Zucker-Masse auflösen. Die Masse etwas erkalten lassen.
3. Für den Teig Butter oder Margarine mit Handrührgerät mit Rührbesen auf höchster Stufe geschmeidig rühren. Nach und nach Zucker und Vanillin-Zucker unterrühren. So lange rühren, bis eine gebundene Masse entstanden ist.
4. Eier nach und nach unterrühren (jedes Ei etwa ½ Minute). Die Limetten-Zucker-Masse unterrühren. Mehl mit Speisestärke und Backpulver mischen, sieben und in 2 Portionen auf mittlerer Stufe unterrühren. Einen Backrahmen (30 x 30 cm) auf ein mit Backpapier belegtes Backblech stellen. Den Teig einfüllen und glatt streichen. Das Backblech in den Backofen schieben.

Ober-/Unterhitze: etwa 180 °C (vorgeheizt)
Heißluft: etwa 160 °C (vorgeheizt)
Gas: Stufe 2–3 (vorgeheizt)
Backzeit: etwa 25 Minuten.

5. Backrahmen lösen und entfernen, das Gebäck mit dem Backpapier auf einen Kuchenrost ziehen und erkalten lassen. Anschließend Backpapier abziehen.
6. Für den Guss weiße Schokolade mit Sahne und Butter unter Rühren auflösen und etwas abkühlen lassen. Die Masse etwa 30 Minuten kalt stellen. Limetten heiß abwaschen, mit einem Zestenreißer die Schale in Streifen abziehen oder Limetten dünn schälen und Schale in dünne Streifen oder kleine Stücke schneiden. Saft auspressen und gleichmäßig auf die Gebäckoberfläche träufeln.
7. Schokoladenmasse leicht cremig aufschlagen und die Limettenschale unterrühren. Den dicklich gewordenen Guss wellenförmig auf der Gebäckoberfläche verstreichen. Himbeeren auf den noch feuchten Guss legen und die Schnitten etwa 1 Stunde kalt stellen.
8. Schokolade (Zimmertemperatur) mit einem Sparschäler zu Locken raspeln und diese auf die Schnitten streuen.

Blechkuchen

Riesen-Schokokaramell-Schnitten

Raffiniert

Zubereitungszeit: 35 Minuten, ohne Kühlzeit
Backzeit: 12–15 Minuten

Zutaten:

Zum Vorbereiten:

1 Pck. (400 g)	Riesen Schokokaramell (von Storck)
1 kg	Schlagsahne

Für den Biskuitteig:

4	Eier (Größe M)
2 EL	heißes Wasser
125 g	Zucker
1 Pck.	Dr. Oetker Vanillin-Zucker
125 g	Weizenmehl
25 g	Speisestärke
15 g	Kakaopulver
1 gestr. TL	Dr. Oetker Backin

Für den Belag:

3 Pck.	Dr. Oetker Sahnesteif

1. Zum Vorbereiten Riesen mit der Sahne in einen Topf geben (4–6 zum Garnieren zurücklassen) und unter Rühren leicht zum Kochen bringen, bis die Riesen geschmolzen sind. Die Masse in eine Rührschüssel geben, mit Frischhaltefolie zudecken und über Nacht (mindestens 12 Stunden) in den Kühlschrank stellen.
2. Für den Teig Eier und Wasser mit Handrührgerät mit Rührbesen auf höchster Stufe in 1 Minute schaumig schlagen. Zucker und Vanillin-Zucker mischen, in 1 Minute einstreuen, dann noch weitere 2 Minuten schlagen.
3. Mehl mit Speisestärke, Kakao und Backpulver mischen, die Hälfte davon auf die Eiercreme sieben und kurz auf niedrigster Stufe unterrühren. Den Rest des Mehlgemisches auf die gleiche Weise unterarbeiten. Den Teig auf einem Backblech (30 x 40 cm, gefettet, gemehlt) verteilen und glatt streichen. Das Backblech in den Backofen schieben und sofort backen.

Ober-/Unterhitze: etwa 200 °C (vorgeheizt)
Heißluft: etwa 180 °C (vorgeheizt)
Gas: etwa Stufe 4 (vorgeheizt)
Backzeit: 12–15 Minuten.

4. Das Backblech auf einen Kuchenrost stellen und die Biskuitplatte darauf erkalten lassen. Dann einen Backrahmen darumstellen.
5. Für den Belag die Karamellsahne in 2 Portionen mit je 1½ Päckchen Sahnesteif steif schlagen. Etwas Sahne zum Verzieren zurücklassen, restliche Sahne auf die abgekühlte Biskuitplatte streichen.
6. Restliche Sahne in einen Spritzbeutel mit Lochtülle füllen und Tuffs auf den Belag spritzen. Nach Belieben die Schnitten mit den zurückgelassenen halbierten Riesen garnieren. Torte etwa 1 Stunde kalt stellen. Vor dem Servieren den Backrahmen lösen und entfernen.

Tipp: Die Schnitten lassen sich ohne Garnierung gut portionsweise einfrieren.
Die Schnitten maximal 1 Tag vor dem Servieren zubereiten.
Bestreichen Sie den Boden mit 4–5 Esslöffeln glatt gerührter Aprikosenkonfitüre, bevor die Sahnemasse aufgestrichen wird.

Blechkuchen

Brownies mit Kirschen und Guss

Beliebt

Zubereitungszeit: 45 Minuten, ohne Abkühlzeit
Backzeit: etwa 30 Minuten

Zutaten:

Für den Teig:

225 g	Butter
200 g	Zartbitter-Schokolade
6	Eier (Größe M)
300 g	Zucker
1 Pck.	Dr. Oetker Vanillin-Zucker
375 g	Weizenmehl
3 gestr. TL	Dr. Oetker Backin
200 g	gehackte Walnusskerne

Für den Belag:

1 Glas	Sauerkirschen (Abtropfgewicht 350 g)
50 g	Raspelschokolade

Für den Guss:

200 g	Zartbitter-Kuvertüre
100 ml	Milch
60 g	Butter

1. Für den Teig Butter in einem Topf zerlassen, Schokolade in Stücke brechen und darin unter Rühren auflösen. Die Masse abkühlen lassen. Eier mit Zucker und Vanillin-Zucker in eine Rührschüssel geben und gut verrühren. Mehl mit Backpulver mischen, sieben und in 2 Portionen auf mittlerer Stufe unterrühren. Butter-Schoko-Masse und Walnusskerne dazugeben und unterrühren.
2. Den Teig auf ein Backblech oder in eine Fettfangschale (30 x 40 cm, gefettet, mit Backpapier belegt) geben und glatt streichen. Kirschen gut abtropfen lassen und auf einer Teighälfte verteilen. Die Raspelschokolade über die Kirschen streuen. Das Backblech in den Backofen schieben.

Ober-/Unterhitze: etwa 180 °C (vorgeheizt)
Heißluft: etwa 160 °C (vorgeheizt)
Gas: Stufe 2–3 (vorgeheizt)
Backzeit: etwa 30 Minuten.

3. Das Backblech auf einen Kuchenrost stellen und das Gebäck erkalten lassen.
4. Für den Guss Kuvertüre grob hacken. Milch mit Butter aufkochen lassen, von der Kochstelle nehmen und Kuvertüre darin unter Rühren auflösen. So lange rühren, bis eine geschmeidige Masse entsteht und etwas abkühlen lassen. Den Guss wellenförmig auf der kirschfreien Hälfte des Kuchens verstreichen und die Brownies 1–2 Stunden kalt stellen.
5. Vor dem Servieren den gesamten Kuchen in kleine Quadrate (etwa 5 x 5 cm) schneiden.

Blechkuchen

Torf auf Sand

Beliebt

Zubereitungszeit: 45 Minuten, ohne Abkühlzeit
Backzeit: etwa 52 Minuten

Zutaten:

Für den Knetteig:

200 g	Butter
300 g	Weizenmehl
½ gestr. TL	Dr. Oetker Backin
200 g	Zucker
1 Pck.	Dr. Oetker Vanillin-Zucker
1 Prise	Salz

Für den Biskuitteig:

300 g	Zartbitter-Schokolade
125 g	Butter
5	Eier (Größe M)
150 g	Zucker
1 Pck.	Dr. Oetker Vanillin-Zucker
150 g	Weizenmehl
1 gestr. TL	Dr. Oetker Backin

Zum Bestäuben:

Kakaopulver

1. Für den Knetteig Butter in einem Topf zerlassen und leicht bräunen. Mehl mit Backpulver, Zucker, Vanillin-Zucker und Salz in einer Rührschüssel mischen. Lauwarme gebräunte Butter hinzugeben und alles mit Handrührgerät mit Knethaken zunächst auf niedrigster, dann auf höchster Stufe zu Streuseln verarbeiten.
2. Einen Backrahmen (25 x 25 cm) auf ein gefettetes Backblech stellen, Streusel darin verteilen und zu einem gleichmäßigen Boden andrücken. Das Backblech in den Backofen schieben und den Boden vorbacken.

Ober-/Unterhitze: etwa 180 °C (vorgeheizt)
Heißluft: etwa 160 °C (vorgeheizt)
Gas: Stufe 2–3 (vorgeheizt)
Backzeit: etwa 12 Minuten.

3. Den Boden mit dem Backblech auf einen Kuchenrost stellen und leicht abkühlen lassen.
4. Für den Biskuitteig Schokolade in Stücke brechen und mit Butter in einem Topf im Wasserbad bei schwacher Hitze geschmeidig rühren, dann etwas abkühlen lassen. Eier in einer Rührschüssel mit Handrührgerät mit Rührbesen auf höchster Stufe in 1 Minute schaumig schlagen. Zucker mit Vanillin-Zucker mischen, in 1 Minute einstreuen und weitere 2 Minuten schlagen.
5. Mehl mit Backpulver mischen, auf die Eiercreme sieben und kurz auf niedrigster Stufe unterrühren. Schokoladen-Butter-Mischung kurz unterrühren. Den Teig gleichmäßig auf dem vorgebackenen Boden verstreichen. Das Backblech wieder in den Backofen schieben und den Kuchen **bei gleicher Backofeneinstellung in etwa 40 Minuten fertig backen**.
6. Den Kuchen mit dem Backblech auf einen Kuchenrost stellen und erkalten lassen.
7. Vor dem Servieren den Kuchen dick mit Kakao bestäuben und in Streifen schneiden.

Blechkuchen

Sehr feine Schokoschnitten

Mit Alkohol – Gut vorzubereiten

Zubereitungszeit: 60 Minuten, ohne Abkühlzeit
Backzeit: etwa 30 Minuten

Zutaten:

Für den Rührteig:

300 g	Blockschokolade
250 g	Butter oder Margarine
225 g	Zucker
1 Pck.	Dr. Oetker Vanillin-Zucker
1 Prise	Salz
5	Eier (Größe M)
2 Pck.	Dr. Oetker Finesse Jamaica-Rum-Aroma
125 g	Schlagsahne
6 EL	Rum
200 g	Weizenmehl
1 Msp.	Dr. Oetker Backin

Zum Bestreuen:

50 g	abgezogene, gestiftelte Mandeln

Für den Guss:

200 g	Zartbitter-Schokolade
40 g	Kokosfett
2 Pck.	Dr. Oetker Finesse Orangenfrucht

1. Für den Teig Blockschokolade fein hacken. 200 g davon in einem Topf im Wasserbad bei schwacher Hitze geschmeidig rühren und abkühlen lassen. Butter oder Margarine mit Handrührgerät mit Rührbesen auf höchster Stufe geschmeidig rühren. Nach und nach Zucker, Vanillin-Zucker und Salz unterrühren. So lange rühren, bis eine gebundene Masse entstanden ist.
2. Eier nach und nach unterrühren (jedes Ei etwa ½ Minute). Aufgelöste Schokolade, Aroma, Sahne und Rum unterrühren.
3. Mehl mit Backpulver mischen, sieben und in 2 Portionen kurz auf mittlerer Stufe unterrühren. Schokoladenstückchen unterheben.
4. Den Teig auf ein Backblech (30 x 40 cm, gefettet) geben und glatt streichen. Das Backblech in den Backofen schieben.

Ober-/Unterhitze: etwa 180 °C (vorgeheizt)
Heißluft: etwa 160 °C (vorgeheizt)
Gas: Stufe 2–3 (vorgeheizt)
Backzeit: etwa 30 Minuten.

5. Nach etwa 15 Minuten Backzeit kurz die Mandeln auf den Kuchen streuen und den Kuchen fertig backen.
6. Das Backblech auf einen Kuchenrost stellen. Kuchen erkalten lassen.
7. Für den Guss Schokolade in Stücke brechen, mit Kokosfett in einem kleinen Topf im Wasserbad geschmeidig rühren. Orangenfrucht unterrühren. Den Kuchen damit überziehen und den Guss fest werden lassen.

Blechkuchen

Erdbeer-Schokoladen-Schnitten

Beliebt

Zubereitungszeit: 60 Minuten
Backzeit: 20–25 Minuten

Zutaten:

Für den Knetteig:

125 g	Butterkekse mit Schokoladenüberzug (Vollmilch oder Zartbitter)
150 g	Weizenmehl
½ gestr. TL	Dr. Oetker Backin
75 g	feinster Zucker
1 Pck.	Dr. Oetker Vanillin-Zucker
125 g	Butter

Für den All-in-Teig:

200 g	Weizenmehl
15 g	Kakaopulver
3 gestr. TL	Dr. Oetker Backin
125 g	Zucker
4	Eier (Größe M)
100 ml	Speiseöl
100 g	Naturjoghurt

Für den Belag I:

100 g	Vollmilch-Joghurt-Schokolade
500 g	Erdbeeren
50 g	Zucker
7 Blatt	weiße Gelatine
400 g	Schlagsahne

Für den Belag II:

3 Blatt	weiße Gelatine
400 g	Naturjoghurt
75 g	Zucker
100 g	Edelbitter-Schokolade (70 % Kakao)

Zum Garnieren und Verzieren:

75 g	Zartbitter-Schokolade
1 TL	Speiseöl
etwa 100 g	kleine Erdbeeren

1. Für den Knetteig Butterkekse in einen Gefrierbeutel geben, ihn verschließen und die Kekse mit einer Teigrolle so zerbröseln, dass noch einige gröbere Brösel erkennbar sind. Mehl in eine Rührschüssel sieben, restliche Zutaten für den Teig hinzufügen und mit Handrührgerät mit Knethaken gut durcharbeiten. Keksbrösel zuletzt kurz unterkneten. Anschließend den Teig auf der leicht bemehlten Arbeitsfläche kurz verkneten. Teig auf einem Backblech (30 x 40 cm, gefettet) ausrollen und einen Backrahmen darumstellen.
2. Für den All-in-Teig Mehl mit Kakaopulver und Backpulver mischen und in eine Rührschüssel sieben. Restliche Zutaten hinzufügen und alles mit Handrührgerät mit Rührbesen auf höchster Stufe in etwa 2 Minuten zu einem Teig verarbeiten. Den Teig auf dem Knetteig verteilen, vorsichtig glatt streichen und das Backblech in den Backofen schieben.

Ober-/Unterhitze: etwa 180 °C (vorgeheizt)
Heißluft: etwa 160 °C (nicht vorgeheizt)
Gas: Stufe 2–3 (nicht vorgeheizt)
Backzeit: 20–25 Minuten.

3. Den gebackenen Boden mit dem Backblech auf einen Kuchenrost stellen und darauf erkalten lassen.
4. Für den Belag I Schokolade mit einem Sparschäler raspeln. Erdbeeren waschen, abtropfen lassen, putzen, in kleine Stücke schneiden und den Zucker dazu geben. Gelatine nach Packungsanleitung einweichen. Schlagsahne steif schlagen. Gelatine leicht ausdrücken, in einem kleinen Topf bei schwacher Hitze auflösen (nicht kochen) und unter Schlagen zügig in die Sahne laufen lassen. Die Erdbeeren und die geraspelte Schokolade unter die Sahne heben, auf dem Gebäckboden verteilen und glatt streichen. Den bestrichenen Boden kalt stellen.
5. Für den Belag II Gelatine einweichen. Schokolade in kleine Stücke brechen und in einem Topf im Wasserbad bei schwacher Hitze geschmeidig rühren. Joghurt mit Zucker verrühren. Gelatine auflösen, mit etwas von der Joghurtmasse verrühren, dann die Mischung unter die restliche Joghurtmasse rühren. Zuletzt die Schokolade vorsichtig unterrühren. Die Schoko-Joghurt-Masse vorsichtig auf der Erdbeersahne verteilen und glatt streichen. Das Gebäck etwa 2 Stunden kalt stellen.
6. Zum Garnieren und Verzieren das Gebäck in Quadrate einteilen. Schokolade in Stücke brechen, mit Öl auflösen und einen kleinen Klecks auf jedes Quadrat geben. Die noch flüssigen Kleckse mit gewaschenen, geputzten, trockengetupften Erdbeeren belegen.

Blechkuchen

Peanutbutter-Brownies

Beliebt

Zubereitungszeit: 40 Minuten, ohne Abkühlzeit
Backzeit: etwa 40 Minuten

Zutaten:

Für den Rührteig:

150 ml	Wasser
50 g	Kakaopulver
2	Schoko-Erdnussriegel (je 54 g)
150 g	feine Erdnusscreme („creamy")
100 ml	Sonnenblumen- oder Rapsöl
200 g	Zucker
1 Prise	Salz
3	Eier (Größe M)
300 g	Weizenmehl
2 geh. TL	Dr. Oetker Backin

Für den Guss:

25 g	Butter
100 g	Puderzucker
30 g	Kakaopulver
3–4 EL	Kondensmilch (4 % Fett)

1. Für den Teig Wasser mit Kakao verrühren und unter Rühren zum Kochen bringen. Topf von der Kochstelle nehmen. Schokoriegel der Länge nach halbieren, dann quer in kleine Stücke schneiden.
2. Erdnusscreme mit Öl, Zucker, Salz und Eiern mit Handrührgerät mit Rührbesen etwa 2 Minuten geschmeidig rühren. Mehl mit Backpulver mischen und abwechselnd mit der Kakaoflüssigkeit in 2 Portionen kurz auf mittlerer Stufe unterrühren. Schokoriegelstückchen unterheben.
3. Den Teig in eine quadratische Backform (25 x 25 cm, gefettet) geben und glatt streichen (oder einen Backrahmen in der Größe 25 x 25 cm auf ein gefettetes, mit Backpapier belegtes Backblech stellen und den Teig hineingeben). Die Form auf dem Rost oder das Backblech in den Backofen schieben.

Ober-/Unterhitze: etwa 180 °C (vorgeheizt)
Heißluft: etwa 160 °C (nicht vorgeheizt)
Gas: Stufe 2–3 (nicht vorgeheizt)
Backzeit: etwa 40 Minuten.

4. Den Kuchen aus der Form lösen und auf einen mit Backpapier belegten Kuchenrost stürzen oder den Kuchen mit dem Backpapier vom Backblech auf einen Kuchenrost ziehen. Kuchen erkalten lassen.
5. Für den Guss Butter zerlassen und etwas abkühlen lassen. Puderzucker mit Kakao mischen und in eine Rührschüssel sieben. Butter und Kondensmilch mit einem Rührlöffel gut unterrühren.
6. Den Guss auf dem Kuchen verteilen und kalt stellen. Kuchen etwa ½ Stunde vor dem Servieren aus dem Kühlschrank nehmen und in Stücke schneiden.

Blechkuchen

Schokoladen-Cognac-Schnitten

Beliebt

Zubereitungszeit: 50 Minuten
Backzeit: etwa 25 Minuten

Zutaten:

Zum Vorbereiten für die Schokoladensahne:

500 g	Schlagsahne
150 g	Zartbitter-Kuvertüre

Für den Rührteig:

100 g	Zartbitter-Kuvertüre
3	Eiweiß (Größe M)
150 g	weiche Butter
75 g	Zucker
1 Pck.	Dr. Oetker Vanillin-Zucker
3	Eigelb (Größe M)
50 g	Weizenmehl
1–2 gestr. TL	Dr. Oetker Backin
100 g	abgezogene, gemahlene Mandeln
50 g	abgezogene, gehackte Mandeln

Für die Füllung:

1 Glas	Wild-Preiselbeeren (Abtropfgewicht 175 g)
1 Pck.	Tortenguss, rot
30 g	Zucker
4 EL	Cognac

Zum Garnieren:

Borkenschokolade
oder Schokolocken

1. Für die Schokoladensahne die Sahne zum Kochen bringen. Topf von der Kochstelle nehmen. Kuvertüre hacken und unter Rühren darin auflösen, bis eine geschmeidige Masse entstanden ist. Schokoladensahne in eine Rührschüssel umfüllen und über Nacht kalt stellen.
2. Für den Teig Kuvertüre hacken. Eiweiß steif schlagen. Butter mit dem Handrührgerät mit Rührbesen auf höchster Stufe geschmeidig rühren. Nach und nach Zucker und den Vanillin-Zucker unterrühren, bis eine gebundene Masse entstanden ist. Eigelb nach und nach unterrühren.
3. Mehl mit Backpulver mischen, sieben und unterrühren. Zuletzt Mandeln, Kuvertüre und das steif geschlagene Eiweiß unterheben. Einen Backrahmen (20 x 30 cm) auf ein mit Backpapier belegtes Backblech stellen. Den Teig darin verteilen, glatt streichen und das Backblech in den Backofen schieben.

Ober-/Unterhitze: etwa 200 °C (vorgeheizt)
Heißluft: etwa 180 °C (vorgeheizt)
Gas: Stufe 3–4 (vorgeheizt)
Backzeit: etwa 25 Minuten.

4. Das Gebäck aus dem Backrahmen lösen, auf einen mit Backpapier belegten Kuchenrost stürzen und erkalten lassen. Anschließend mitgebackenes Backpapier abziehen.
5. Für die Füllung die Preiselbeeren mit dem Saft zum Kochen bringen. Das Tortengusspulver mit Zucker und 3–4 Esslöffeln Wasser anrühren, in die Preiselbeeren rühren und kurz aufkochen lassen. Den Cognac unterrühren. Die Masse auf den Gebäckboden streichen und erkalten lassen.
6. Die Schokoladensahne steif schlagen und auf die Preiselbeermasse streichen. Zum Garnieren das Gebäck in Schnitten teilen und mit der Borkenschokolade oder den Schokolocken garnieren.

Tipp: Beträufeln Sie den Gebäckboden vor dem Aufstreichen der Preiselbeeren mit 2–3 Esslöffeln Cognac.
Ein Glas (350 g) Sauerkirschen abtropfen lassen. Aus 250 ml (¼ l) Sauerkirschsaft, 30 g Zucker und 1 Päckchen Tortenguss einen Guss zubereiten, die Sauerkirschen unterheben, evtl. mit Cognac oder Weinbrand abschmecken und anstatt der Preiselbeerfüllung auf den Boden streichen.
Wenn Sie ein ganzes Backblech zubereiten wollen, so können Sie das Rezept ganz einfach verdoppeln.

Blechkuchen

Aprikosen-Erdnuss-Dreiecke

Beliebt

Zubereitungszeit: 50 Minuten, ohne Abkühlzeit
Backzeit: etwa 25 Minuten

Zutaten:

Für den Rührteig:

100 g	getrocknete Aprikosen
100 g	geröstete gesalzene Erdnusskerne
175 g	weiche Butter oder Margarine
150 g	brauner Zucker
1 Pck.	Dr. Oetker Vanillin-Zucker
1 Prise	Salz
3	Eier (Größe M)
1 Becher (150 g)	Crème fraîche
3 EL	Milch
150 g	Weizenvollkornmehl
20 g	Kakaopulver
2 gestr. TL	Dr. Oetker Backin

Für den Guss:

100 g	Zartbitter-Schokolade
30 g	Butter

1. Für den Teig Aprikosen und Erdnusskerne hacken. Butter oder Margarine in einer Rührschüssel mit Handrührgerät mit Rührbesen auf höchster Stufe geschmeidig rühren. Nach und nach Zucker, Vanillin-Zucker und Salz unterrühren. So lange rühren, bis eine gebundene Masse entstanden ist. Eier nach und nach unterrühren (jedes Ei etwa ½ Minute). Crème fraîche und Milch unterrühren.
2. Vollkornmehl mit Kakaopulver und Backpulver mischen und auf mittlerer Stufe kurz unterrühren. Zuletzt gehackte Aprikosenstücke und Erdnusskerne unterrühren. Einen Backrahmen (25 x 25 cm) auf ein Backblech (gefettet, mit Backpapier belegt) stellen. Teig in den Backrahmen geben und glatt streichen. Das Backblech in den Backofen schieben.

Ober-/Unterhitze: etwa 180 °C (vorgeheizt)
Heißluft: etwa 160 °C (vorgeheizt)
Gas: Stufe 2–3 (vorgeheizt)
Backzeit: etwa 25 Minuten.

3. Das Backblech auf einen Kuchenrost stellen und das Gebäck erkalten lassen. Anschließend den Backrahmen lösen und entfernen.
4. Für den Guss Schokolade klein hacken und mit Butter in einem kleinen Topf im Wasserbad bei schwacher Hitze geschmeidig rühren. Das Gebäck in Wellen damit bestreichen und den Guss fest werden lassen.
5. Vor dem Servieren das Gebäck in Dreiecke schneiden.

Tipp: Der Teig kann auch in einer Springform (Ø 28 cm) bei gleicher Backofeneinstellung gebacken werden.

Blechkuchen

Schoko-Knusper-Schnitten

Für Kinder

Zubereitungszeit: 35 Minuten, ohne Abkühlzeit
Backzeit: etwa 30 Minuten

Zutaten:

Für die Streusel:

100 g	Weizenmehl
100 g	Zucker
1 Pck.	Dr. Oetker Bourbon-Vanille-Zucker
150 g	weiche Butter oder Margarine
300 g	Vitalis Knusper Schoko (Müsli)

Für den Rührteig:

250 g	weiche Butter oder Margarine
1 Becher (150 g)	Crème fraîche
200 g	Zucker
1 Pck.	Dr. Oetker Bourbon-Vanille-Zucker
1 Prise	Salz
5	Eier (Größe M)
350 g	Weizenmehl
25 g	Kakaopulver
4 gestr. TL	Dr. Oetker Backin

1. Für die Streusel Mehl in eine Rührschüssel sieben und mit Zucker und Vanille-Zucker mischen. Butter oder Margarine hinzufügen und alles mit Handrührgerät mit Knethaken kurz verarbeiten, zuletzt das Müsli dazugeben und alles kurz zu Streuseln verarbeiten.
2. Für den Rührteig Butter oder Margarine und Crème fraîche in einer Rührschüssel mit Handrührgerät mit Rührbesen geschmeidig rühren. Nach und nach Zucker, Vanille-Zucker und Salz unter Rühren hinzufügen. So lange rühren, bis eine gebundene Masse entstanden ist. Eier nach und nach auf höchster Stufe unterrühren (jedes Ei etwa ½ Minute).
3. Mehl mit Kakao und Backpulver mischen, sieben und in 2 Portionen kurz auf mittlerer Stufe unterrühren. Den Teig auf ein Backblech oder in eine Fettfangschale (30 x 40 cm, gefettet) geben und glatt streichen. Die Streusel auf dem Teig verteilen und leicht andrücken. Das Backblech in den Backofen schieben.

Ober-/Unterhitze: etwa 180 °C (vorgeheizt)
Heißluft: etwa 160 °C (vorgeheizt)
Gas: Stufe 2–3 (vorgeheizt)
Backzeit: etwa 30 Minuten.

4. Den Kuchen mit dem Backblech auf einen Kuchenrost stellen und erkalten lassen.

Ratgeber

Die Welt der Schokolade ist groß und vielfältig.
In Supermärkten und Fachgeschäften wird uns ein nahezu unerschöpfliches Sortiment an unterschiedlichen Geschmacksrichtungen, aber auch mit feinen Nuancen unterbreitet.

Kuvertüre

Da gibt es zunächst einmal die typischen Kuvertüren, die sich besonders gut zum Garnieren und Überziehen eignen. Sie haben einen höheren Fettgehalt (Kakaobutter) als Tafelschokoladen und sind damit auch nicht ganz so süß. Im Handel sind die Sorten Zartbitter-, Vollmilch- und weiße Kuvertüre erhältlich.

Schokolade

Außerdem gibt es Tafelschokoladen. Sie sind zum direkten Verzehr gedacht, eignen sich aber auch hervorragend für die Zubereitung von Schokoladenkuchen. Auch hier gibt es die bekannten Sorten Zartbitter-, Vollmilch- und weiße Schokolade in zahlreichen Abwandlungen und mit den unterschiedlichsten Füllungen.

Für dieses Buch spielen hauptsächlich die ungefüllten Schokoladen eine Rolle.

Weiße Schokolade besteht aus Kakaobutter, Zucker und Milchpulver.

Vollmilch-Schokolade enthält zusätzlich noch Kakaomasse.

Zartbitter-Schokolade hat einen noch höheren Anteil an Kakaomasse, aber kein Milchpulver.

Enthält eine Zartbitter-Schokolade mehr als 50 % Kakaomasse, so wird sie oft als Edelbitter-Schokolade angeboten. Diese Schokoladen sind mit 60 %, 70 %, 85 % und mehr Kakaomasse erhältlich. Je höher der Anteil der Kakaomasse, desto geringer ist der Zuckeranteil und damit die Süße.

Außerdem gibt es Blockschokolade. Sie ist zum Backen und Kochen geeignet und enthält mehr Kakaomasse und weniger Zucker und Kakaobutter als Tafelschokolade.

Temperieren von Kuvertüre und Schokolade

Wird Kuvertüre oder Schokolade zum Überziehen oder Garnieren verwendet, so muss sie beim Auflösen temperiert werden. Das heißt, dass die Kuvertüre/Schokolade erst vollständig aufgelöst wird, dann heruntergekühlt und zuletzt nochmals leicht erwärmt wird. Durch diese Arbeitsweise erreicht man eine matt glänzende Oberfläche, eine homogene Farbe, einen zart schmelzenden Charakter und einen guten Bruch der Schokolade.

Wird die Kuvertüre oder Schokolade nicht oder falsch temperiert, so kann es zu einer graustreifigen oder graufleckigen Oberfläche kommen, da die Bestandteile der Kuvertüre/Schokolade sich getrennt haben. Außerdem bekommt die Kuvertüre/Schokolade eine brüchige Struktur und schmilzt schnell bei Berührung.

Ein Lebensmittelthermometer hilft beim genauen Temperieren – mit etwas Übung gelingt es aber auch ohne Thermometer.

Je nach Sorte und Kakaobutteranteil wird die zerkleinerte Kuvertüre/Schokolade im warmen Wasserbad auf 40–45 °C (weiße und Vollmilch) oder 45–50 °C (Zartbitter) erwärmt. Dabei sollte sie gelegentlich umgerührt werden. Sie darf nicht mit Wasser oder Wasserdampf in Berührung kommen, da sie sonst fest wird. Die Kuvertüre/Schokolade sollte nie über 50 °C erwärmt werden.

Nun wird die Kuvertüre/Schokolade schnell auf 26–28 °C heruntergekühlt. Dies kann durch Zugabe und leichtes Unterrühen von fein gehackter Kuvertüre/Schokolade (etwa ein Viertel der gelösten Kuvertüre/Schokolade) geschehen.

Die zweite Möglichkeit des Herunterkühlens ist das Tablieren. Dazu werden zwei Drittel der aufgelösten Kuvertüre/Schokolade auf einer Marmorplatte oder kühlen Arbeitsplatte ausgestrichen und mit Teigkarten bewegt, bis sie dickflüssig wird. Dann wird sie wieder mit der restlichen Kuvertüre/Schokolade vermengt. Dabei sollte man das Unterrühren von Luft vermeiden und auf eine normale Zimmertemperatur achten.

Die heruntergekühlte Kuvertüre/Schokolade wird nun nochmals leicht auf 30–33 °C erwärmt und kann dann sofort verwendet werden.

Probe

Am besten macht man zunächst eine Temperaturprobe. Dazu die Ecke einer Teigkarte oder eines Kunststofflöffels dünn mit etwas Kuvertüre/Schokolade benetzen und fest werden lassen. So sieht man schnell das Ergebnis.

Die Probe soll bei Zimmertemperatur in wenigen Minuten anziehen (leicht fest werden) und eine homogene, matt glänzende Fläche bilden.

Wenn Ihnen der Glanz des Überzugs besonders wichtig ist, so sollten Sie, statt wie in einigen Rezepten angegeben, nicht Speiseöl, sondern Kakaobutter (Apotheke) verwenden. Kakaobutter bereits beim Auflösen der Schokolade hinzufügen – sie muss mit temperiert werden.

Überzug

Aprikotieren Sie die Torten vor dem Überziehen mit durch ein Sieb gestrichener Konfitüre, die Sie mit etwas Wasser gut aufkochen lassen. So lösen sich keine Krümel und Sie erhalten eine glatte Oberfläche. Die zu überziehende Torte sollte nicht kalt sein, da der Überzug nach dem Festwerden sonst reißen kann.

Schokolade muss kühl (15–18 °C) und trocken aufbewahrt werden, um keine Qualitätsverluste zu erleiden. Dies gilt auch für Schokoladenkuchen mit Überzug. Kuchen mit Überzug deshalb nie längere Zeit in den Kühlschrank stellen. Durch die hohe Luftfeuchtigkeit lösen sich Zuckerkristalle in der Kuvertüre/Schokolade und hinterlassen an der Oberfläche anschließend einen unschönen Zuckerreif.

Schokoladenlocken

Dazu temperierte Schokolade auf Backpapier oder einer Tortenscheibe ausstreichen und bei Zimmertemperatur anziehen lassen. Die fast vollständig feste Schokolade dann mit einem Spachtel oder einem breiten Messer zu Locken zusammenschieben und vorsichtig mit Hilfe von zwei Gabeln auf die Torte legen (in den Händen schmilzt die Schokolade schnell).

Kleine Löckchen können Sie am besten herstellen, indem Sie mit einem Sparschäler direkt von der Bruchstelle der Tafel (Zimmertemperatur) Löckchen abschälen.

Kapitelregister

Torten

Tartes & Kuchen

Blechkuchen

Alphabetisches Register

A/B

C/D

E/F

K

L/M

O/P

R/S

T

W

Umwelthinweis Dieses Buch und der Einband wurden auf chlorfrei gebleichtem Papier gedruckt. Die Einschrumpffolie – zum Schutz vor Verschmutzung – ist aus umweltfreundlichem und recyclingfähigem PE-Material.

Wenn Sie Anregungen, Vorschläge oder Fragen zu unseren Büchern haben, rufen Sie uns unter folgender Nummer an 0521 155–2580 oder 520651 oder schreiben Sie uns:
Dr. Oetker Verlag KG, Am Bach 11, 33602 Bielefeld
oder besuchen Sie uns im Internet unter www.oetker.de.

Redaktion Sabine Puppe

Titelfoto Thomas Diercks,Hamburg
Innenfotos Walter Cimbal, Hamburg (S. 5, 7, 8, 9, 12, 13, 15, 17, 19, 20, 21, 22, 23, 26, 27, 29, 31, 33, 35, 37, 42, 43, 44, 45, 47, 49, 55, 57, 60, 61, 65, 71, 73, 77, 83, 89)
Thomas Diercks, Kai Boxhammer, Hamburg (S. 25, 39, 53, 63, 69, 75, 81, 85)
Ulli Hartmann, Bielefeld (S. 51, 67)
Kramp & Gölling, Hamburg, (S. 11, 87)
Bernd Lippert, Bielefeld (S. 92, 93)
Axel Struwe, Bielefeld (S. 41, 59, 79, 91)
Brigitte Wegner, Bielefeld (S. 92, 93)
www.infozentrum-schoko.de (S. 92)

Foodstyling Hermann Rottmann, Hamburg
Rezeptentwicklung und -beratung Eike Upmeier-Lorenz, Hamburg
Mechthild Plogmaker, Dr. Oetker Versuchsküche

Wir danken für die freundliche Unterstützung August Storck, Berlin

Nährwertberechnungen Nutri Service, Hennef

Grafisches Konzept kontur:design, Bielefeld
Titelgestaltung kontur:design, Bielefeld

Satz JUNFERMANN Druck & Service, Paderborn
Reproduktionen Repro Ludwig, Zell am See, Österreich
Druck und Bindung Mohn media Mohndruck GmbH, Gütersloh

ISBN-10: 3–7670–1005-4
ISBN-13: 978–3–7670–1005-5

Abkürzungen

EL	=	Esslöffel
TL	=	Teelöffel
Msp.	=	Messerspitze
Pck.	=	Packung/Päckchen
g	=	Gramm
kg	=	Kilogramm
ml	=	Milliliter
l	=	Liter
Min.	=	Minuten
Std.	=	Stunden
evtl.	=	eventuell
geh.	=	gehäuft
gestr.	=	gestrichen
TK	=	Tiefkühlprodukt
° C	=	Grad Celsius
Ø	=	Durchmesser
E	=	Eiweiß
F	=	Fett
Kh	=	Kohlenhydrate
kcal	=	Kilokalorien
kJ	=	Kilojoule